法廷通訳ハンドブック実践編

【ヒンディー語】
(改訂版)

最高裁判所事務総局

はじめに

　法廷通訳については，通訳の対象が法廷という極めて特殊な状況での会話であるために，通訳一般で必要とされる十分な語学力に加えて，法廷通訳に求められる特別の心構えや刑事手続の基本的な知識を身につける必要があります。そして，経験を積む中で，刑事手続への理解を深め，事実に争いがある否認事件等の複雑な手続や，控訴審などの通常の第一審と異なる手続の通訳もこなせるようなレベルにまで，能力を向上させていくことが期待されます。このようなレベルに達するには，法廷での特殊な用語，法律的な知識など法廷通訳に特有の事項をよく理解することが必要となります。

　本書は，そのための手助けになるように，平成元年度から順次刊行した法廷通訳ハンドブックの姉妹編として作成しました。

　本書では，できるだけ実践的な内容とすることを心がけ，第1編では刑事手続の流れに沿って，通訳人からよく質問される事項をQ＆Aの形でまとめ，第2編では，控訴審の手続をできるだけ平易に説明するとともに，第3編及び第4編では，法廷で使用されることの多いやりとりの具体例や，法律用語などの通訳例をできる限り網羅的に掲載することを心がけました。

　なお，本書の初版が刊行されてから相当期間が経過しており，その間，法改正や新法の制定が行われ，刑事裁判に関する様々な制度（公判前整理手続，即決裁判手続，裁判員の参加する刑事裁判手続，犯罪被害者等が刑事裁判に参加する制度等）が実施されています。

　そこで，今回，これらの法改正等を踏まえて，初版の内容を見直し，所要の改訂を行いました。

　本書が，初版と同様，広く刑事裁判の通訳に当たる方の一助となれば幸いです。

　　　平成24年3月

　　　　　　　　　　　　　　　　　最高裁判所事務総局刑事局

目　次

第１編　刑事裁判手続における通訳人の留意事項 1
　第１章　一般的注意事項 1
　第２章　勾留質問手続 3
　第３章　起訴後第１回公判期日前まで 4
　　第１節　起訴 4
　　第２節　起訴状概要の翻訳文の送付 4
　　　１　趣旨 4
　　　２　実施の方法 4
　　第３節　法廷通訳の依頼 5
　　第４節　公判前整理手続 7
　　第５節　第１回公判期日の指定 9
　　第６節　裁判所と通訳人との連絡及び通訳人の事前準備 10
　　第７節　弁護人の接見への同行 12
　第４章　公判手続 16
　　第１節　法廷通訳一般 16
　　第２節　開廷前の準備 19
　　第３節　公判廷での手続 20
　　　１　通訳人の宣誓等 20
　　　２　被告人に対する宣誓手続等についての説明 20
　　　３　被告人の人定質問 21
　　　４　起訴状朗読 21
　　　５　黙秘権の告知 22

6	事件に対する被告人の陳述	22
7	弁護人の意見	22
8	ワイヤレス通訳システムの利用	22
9	証拠調べ手続	24
(1)	冒頭陳述	24
(2)	検察官からの証拠申請	25
(3)	検察官の証拠申請に対する弁護人の意見	25
(4)	裁判所の証拠採否(証拠を採用するか却下するか)の決定	25
(5)	採用された証拠の取調べ	25
	ア 証拠書類の内容の要旨の告知(又は朗読)	25
	イ 証拠物の展示	26
(6)	証人尋問	26
	ア 証人の宣誓及び虚偽の証言に対する注意	26
	イ 通訳の方法	26
	(ア) 外国語を使用する証人の場合	26
	(イ) 日本語を使用する証人の場合	27
	ウ 証人の不安や緊張等を緩和するための措置	27
	(ア) 付添い	27
	(イ) 遮へい	27
	(ウ) ビデオリンク	28
10	被告人質問	34
11	論告	34
12	弁護人による弁論	35

    13　被告人の最終陳述 ………………………………… 36
    14　次回期日の指定 …………………………………… 36
    15　判決宣告の手続 …………………………………… 37
    16　上訴期間等の告知 ………………………………… 38
    17　即決裁判手続 ……………………………………… 38
   第4節　裁判員裁判 ……………………………………… 39
   第5節　被害者参加 ……………………………………… 41
  第5章　その他の留意事項 ………………………………… 43
第2編　控訴審における刑事手続の概要 …………………… 45
  第1章　控訴審とは ………………………………………… 45
    1　上訴制度 …………………………………………… 45
    2　控訴審の役割 ……………………………………… 45
  第2章　控訴の申立て等 …………………………………… 45
    1　控訴の提起期間 …………………………………… 46
    2　申立ての方式 ……………………………………… 46
    3　上訴の放棄 ………………………………………… 46
    4　上訴の取下げ ……………………………………… 46
  第3章　控訴審の手続 ……………………………………… 46
   第1節　控訴審の第1回公判期日までの手続 …………… 46
    1　弁護人選任に関する手続 ………………………… 47
    2　通訳人の選任に関する手続 ……………………… 47
    3　被告人の移送 ……………………………………… 47
    4　控訴趣意書の提出 ………………………………… 47
    5　答弁書の提出 ……………………………………… 48

6　第1回公判期日の指定と被告人の召喚 48
　第2節　控訴審における公判審理 49
　　1　概要 49
　　2　公判期日の手続の流れ 49
　　（1）通訳人の人定尋問と宣誓 49
　　（2）被告人の人定質問 49
　　（3）控訴趣意書に基づく弁論 50
　　（4）控訴趣意書に対する相手方の意見（答弁）...... 51
　　（5）事実の取調べ 51
　　（6）事実の取調べの結果に基づく弁論 52
　　（7）次回公判期日の指定・告知 52
　　3　判決宣告期日 52

第3編　法廷通訳参考例 55
第1章　勾留質問手続 56
　1　前置き 56
　2　黙秘権の告知 56
　3　弁護人選任権の告知 56
　4　勾留の要件の説明 58
　5　勾留の期間の説明 58
　6　被疑事実の告知 58
　7　被疑事実に対する陳述 60
　8　勾留通知先 60
　9　領事機関への通報 60
　10　読み聞け 60

第2章 公判手続 ………………………………… 62
　1 開廷宣言 ………………………………… 62
　2 通訳人の宣誓 …………………………… 62
　3 人定質問 ………………………………… 62
　4 起訴状朗読 ……………………………… 62
　5 黙秘権の告知 …………………………… 62
　6 被告事件に対する陳述 ………………… 64
　7 弁護人の意見 …………………………… 64
　8 検察官の冒頭陳述 ……………………… 66
　9 弁護人の冒頭陳述 ……………………… 66
　10 公判前整理手続の結果顕出 …………… 66
　11 証拠調べ請求 …………………………… 66
　12 証拠（書証・証拠物）請求に対する意見 ………… 66
　13 書証の要旨の告知・証拠物の展示 …………… 68
　14 証人申請 ………………………………… 70
　15 証人申請に対する意見及び証人の採用 …………… 72
　16 証人の尋問手続 ………………………… 72
　（1）証人の宣誓 …………………………… 72
　（2）異議申立て及びその裁定 …………… 72
　（3）証人尋問の終了 ……………………… 74
　17 その他の手続 …………………………… 74
　（1）弁論の併合決定 ……………………… 74
　（2）訴因及び罰条等の変更 ……………… 74

- (3) 被害者特定事項の秘匿決定後，被害者の呼称の定めがされた場合 …………………… 74
- (4) 被害者参加許可決定 ………………………… 74
- (5) 被害者等の被害に関する心情その他の被告事件に関する意見陳述 ………………… 76
- (6) 即決裁判手続 ………………………………… 76
  - ア 被告事件に対する有罪の陳述 ……………… 76
  - イ 弁護人の意見 ………………………………… 76
  - ウ 即決裁判手続によって審判する旨の決定 … 78
  - エ 証拠調べ請求等 ……………………………… 78
- 18 論告 ……………………………………………… 78
- 19 被害者参加人の弁論としての意見陳述 …………… 80
- 20 弁護人の弁論 …………………………………… 80
  - (1) 出入国管理及び難民認定法違反（自白事件）の例 ……………………………………… 82
  - (2) 窃盗（否認事件）の例 ……………………… 82
- 21 被告人の最終陳述 ……………………………… 84
- 22 公判期日の告知 ………………………………… 84
  - (1) 次回公判期日の告知 ………………………… 84
  - (2) 判決言渡期日の告知 ………………………… 84
- 23 判決宣告 ………………………………………… 84
- 24 執行猶予の説明 ………………………………… 86
  - (1) 身柄拘束中の被告人の執行猶予 …………… 86
  - (2) 既に不法残留になっている被告人の執行猶予 … 86

25	未決勾留日数の説明	86
26	保護観察の説明	88
27	上訴権の告知	88

第3章　第一審における判決主文の例 ･････････ 88
　1　有罪の場合 ････････････････････････ 88
　　(1) 主刑 ･･････････････････････････ 90
　　　ア　基本型 ････････････････････････ 90
　　　イ　少年に不定期刑を言い渡す場合 ･･････ 90
　　　ウ　併科の場合 ･･････････････････････ 90
　　　エ　主文が2つになる場合 ････････････ 90
　　(2) 未決勾留日数の算入 ････････････････ 90
　　　ア　基本型 ････････････････････････ 90
　　　イ　本刑が数個ある場合 ･･････････････ 90
　　　ウ　本刑が罰金・科料の場合 ･･････････ 90
　　　エ　刑期・金額の全部に算入する場合 ････ 90
　　(3) 労役場留置 ･･････････････････････ 92
　　　ア　基本型 ････････････････････････ 92
　　　イ　端数の出る場合 ･･････････････････ 92
　　(4) 刑の執行猶予 ････････････････････ 92
　　(5) 保護観察 ････････････････････････ 92
　　(6) 補導処分 ････････････････････････ 92
　　(7) 没収 ･･････････････････････････ 92
　　　ア　基本型 ････････････････････････ 92
　　　イ　偽造・変造部分の没収 ･･････････････ 92

　　　　ウ　裁判所が押収していない物の没収 ……………… 92
　　　　エ　犯罪被害財産の没収 ……………………… 94
　(8)　追徴 ………………………………………………… 94
　　　　ア　基本型 ……………………………………… 94
　　　　イ　犯罪被害財産の価額の追徴 ……………… 94
　(9)　被害者還付 ………………………………………… 94
　　　　ア　基本型 ……………………………………… 94
　　　　イ　被害者不明の場合 ………………………… 94
　　　　ウ　被害者が死亡した場合 …………………… 94
　(10)　仮納付 …………………………………………… 94
　(11)　訴訟費用の負担 ………………………………… 94
　(12)　刑の執行の減軽又は免除 ……………………… 96
　(13)　刑の免除 ………………………………………… 96
　2　無罪・一部無罪の場合 ……………………………… 96
　(1)　無罪 ………………………………………………… 96
　(2)　一部無罪 …………………………………………… 96
　3　その他の場合 ………………………………………… 96
　(1)　免訴 ………………………………………………… 96
　(2)　公訴棄却 …………………………………………… 96
　(3)　管轄違い …………………………………………… 96
第4章　控訴審における判決主文の例 …………………… 98
　1　控訴棄却・破棄 ……………………………………… 98
　(1)　控訴棄却 …………………………………………… 98
　(2)　破棄自判 …………………………………………… 98

（3）破棄差戻し ……………………………………… 98
　（4）破棄移送 ………………………………………… 98
　2　未決勾留日数の算入 ………………………………… 98
　3　訴訟費用の負担 ……………………………………… 98
第5章　第一審における判決理由 …………………………100
　1　罪となるべき事実 ……………………………………100
　（1）不正作出支払用カード電磁的記録供用罪及び
　　　窃盗罪の例 …………………………………………100
　（2）覚せい剤取締法違反罪の例 ……………………100
　（3）大麻取締法違反罪の例 …………………………100
　（4）麻薬及び向精神薬取締法違反罪の例 ……………102
　（5）売春防止法違反罪の例 …………………………102
　（6）強盗致死罪の例 …………………………………102
　（7）自動車運転過失傷害罪の例 ……………………104
　（8）傷害罪の例 ………………………………………106
　（9）詐欺罪の例 ………………………………………106
　(10)殺人罪の例（確定的故意の場合） ………………108
　(11)殺人罪の例（未必的故意の場合） ………………108
　(12)銃砲刀剣類所持等取締法違反罪の例 ……………110
　(13)出入国管理及び難民認定法違反罪の例 …………110
　(14)窃盗罪（万引）の例 ……………………………110
　(15)窃盗罪（すり）の例 ……………………………112
　(16)教唆の例（窃盗） ………………………………112
　(17)幇助の例（窃盗） ………………………………112

2　証拠の標目 ………………………………………112
　　　3　累犯前科 ………………………………………114
　　　4　確定判決 ………………………………………116
　　　5　法令の適用 ……………………………………116
　　　6　量刑の理由 ……………………………………116
　　　　　出入国管理及び難民認定法違反の例 ……………116
　第6章　控訴審における判決理由 ………………………118
　　1　理由の冒頭部分 …………………………………118
　　2　理由の本論部分 …………………………………118
　　（1）控訴棄却 ………………………………………118
　　（2）破棄自判 ………………………………………120
　　3　法令の適用部分 …………………………………122
　　（1）控訴棄却 ………………………………………122
　　（2）破棄自判 ………………………………………122
　　（3）破棄差戻し ……………………………………124

第4編　法律用語等の対訳 …………………………………127
　第1章　法律用語の対訳 …………………………………127
　第2章　法令名 ……………………………………………166
　第3章　罪名 ………………………………………………174

資料 ………………………………………………………………185
証拠等関係カードの略語表 ……………………………………185
第一審手続概要 …………………………………………………187
控訴審手続概要 …………………………………………………189

第1編

刑事裁判手続における通訳人の留意事項

第1編　刑事裁判手続における通訳人の留意事項

ここでは,通訳を必要とする刑事裁判での手続に即して,しばしば問題となる事項又は通訳人が留意すべき事項について説明します。法廷等で使用される用語の訳語については,55ページの「法廷通訳参考例」又は127ページの「法律用語等の対訳」を参照してください。

第1章　一般的注意事項

①Q　法廷通訳は,一般の通訳と比べてどのような特徴がありますか。

A　法廷でのやりとりのうち,証人尋問や被告人質問は,その結果得られた証言や供述が,裁判の証拠として,犯罪事実の認定や刑の量定の基礎になる特に重要なものですから,すべての発言を逐語訳で行う必要があるという特徴があります。例えば,証人が証言内容を発言直後に訂正した場合には,訂正後の内容だけでなく訂正前の内容についてもそのまま通訳してください。

法廷での裁判官と検察官,弁護人とのやりとりについては,裁判長が必要な事項を要約することが多いと思われます。通訳すべき範囲を自分で判断するのではなく,裁判長の指示に従って通訳を行ってください。

②Q　通訳人として守らなければならないことは何ですか。

A　良心に従って誠実に通訳をしてください。通訳をするに当たって，そのことを宣誓していただくことになります。また，裁判は，偏りのない公正な手続で行う必要がありますから，通訳人も，通訳するに当たっては，立場上中立公正さを疑われるような行動をとってはいけません。もしも，被告人や証人と知り合いであるなどの事情がある場合には，直ちに裁判所に申し出てください。

　　また，被告人又はその関係者に対しては，自分の氏名，住所，電話番号を教えないようにし，個人的に接触する機会を与えないでください。一緒に飲食をしたり，贈物を受け取るなどの行為は絶対にしないでください。

　　さらに，裁判の過程で知った事件に関する事項については，絶対に他に漏らさないでください。裁判所や検察官，弁護人から事前に送付を受けた書面については，その保管に注意するとともに，他人の目に触れることのないよう注意してください。

③Q　証人や被告人の発言を逐語訳したり，法廷でのやりとりを記憶しておくのは，大変なことだと思いますが，法廷に立ち会う際，どのような準備，工夫をすればよいですか。

　A　法廷に立ち会う際には，自分の記憶だけに頼るのではなく，メモを取っておくことが不可欠です。メモを

取る際には，自分の理解しやすい記号や略語を用いたり，訴訟関係人の発言の順序などについて図式化して記録するなど，適宜工夫をするとよいでしょう。

また，日ごろから，メモ取りをはじめとする様々なトレーニングを行い，通訳スキルの更なる向上を心がけておくことも重要です。

第2章　勾留質問手続

逮捕された被疑者を引き続き留置しようとする場合，検察官は裁判官に対して勾留請求を行います。裁判官は資料を検討し，被疑事実に関する被疑者の言い分を聞いた上で，勾留するかどうか決めることになります。この言い分を聞く手続が勾留質問です。勾留質問は，裁判所の勾留質問室で行われます。被疑者が日本語を理解できない場合には，通訳人を介してこの手続を行うことになります。

Q　通訳人の人定尋問の際，被疑者に通訳人の氏名や住所を知られることはありませんか。被疑者に氏名住所等を知られたくない場合には，どうしたらよいですか。

A　裁判所では，通訳人の氏名，住所などの個人情報について，慎重に取り扱うよう配慮しています。

勾留質問手続においては，裁判官は，通訳人の人定尋問の際，あらかじめ人定事項を記載した書面をもとに「このとおりですね。」などと確認する形で人定尋問を行うのが一般的です。

念のため事前に裁判所書記官（以下「書記官」といいます。）に対してそのような希望を申し出てください。

第3章　起訴後第1回公判期日前まで
第1節　起訴

　　刑事裁判は，検察官が裁判所に対して裁判を求めることによって開始されます。これを起訴又は公訴の提起といい，具体的には，検察官が，起訴状を裁判所に提出して行います。起訴状には，被告人の氏名，生年月日，住居など被告人を特定する事項，公訴事実，罪名及び罰条が記載されています。

　　起訴があると，それまで被疑者に対する被疑事件であったものが被告人に対する被告事件となって，裁判所で審理される状態になります。

第2節　起訴状概要の翻訳文の送付
1　趣旨

　　裁判所では，起訴があった場合，起訴状の概要を被告人の理解できる言語に翻訳した上，第1回公判期日前のできるだけ早い時期にその翻訳文を被告人に送付するという取扱いを行っています。これは，日本語を理解しない被告人に早期に起訴状の内容を理解させて，被告人の防御権を実質的に保障するとともに，公判審理の充実を図ろうとするものです。

2　実施の方法

　　起訴状概要の翻訳文を送付する運用を円滑に実施するため，典型的な公訴事実の要旨を翻訳した文例集が作成され，それ

それの地方裁判所に用意されています。

　裁判所は，翻訳文を送付する際には，通訳人予定者等に，日本語で作成した起訴状記載の公訴事実の要旨，罪名及び罰条について翻訳を依頼し，翻訳文を作成してもらうこともあります。その際，先に述べた翻訳文例の翻訳例を参考にしていただくとよいと思います。出来上がった翻訳文は，裁判所から被告人に送付しています。

　1に記載した趣旨から，翻訳文の作成を依頼された場合には，速やかに翻訳文を作成して提出してください。

　なお，この翻訳料は，通訳人に対する通訳料とは別に，翻訳内容に応じて支給されます。

Q　裁判所から翻訳の依頼があった場合に留意する事項は何ですか。

A　書記官から，翻訳言語，提出期限などを示してお願いしますので，特に提出期限に留意してください。また，担当の書記官の氏名を聞いておくと，疑問点が生じた場合に照会するのに便利です。

第3節　法廷通訳の依頼

　　要通訳事件では，適格な通訳人を選任することが極めて重要ですが，適格な通訳人であるためには，十分な語学力を有するとともに，中立公正であることが必要です。

　　この点，捜査段階で付された通訳人を法廷における通訳人として選任することについては，裁判の公正に対する無

用の疑念を生じさせたり，捜査段階の通訳人の面前では，取調べ時に供述したことに心理的に影響されて，被告人が公判廷で自由に言い分を言えないおそれも考えられることから，法廷通訳には，できる限り捜査段階の通訳人と別の通訳人を選任することが望ましいと考えています。実際にも特段の事情のある場合を除き，別の通訳人を選任する運用がされています。

①Q　裁判所から通訳の依頼があった場合に確認しておく事項は何ですか。

　A　①裁判所名，②担当裁判部と書記官の氏名，③内線番号，④通訳言語，⑤事件名，⑥被告人の氏名，⑦公判期日，⑧公判の予定所要時間，⑨弁護人が決まっていればその氏名と連絡先，⑩弁護人の国選，私選の別，⑪公判前整理手続や，即決裁判手続による審理が予定されているか，⑫裁判員の参加する裁判（以下「裁判員裁判」といいます。）であるかどうかなどを確認しておくとよいと思います。また，被告人が複数になると公判時間が長くなるとともに別々の日時に接見に同行することになるため，時間を要することに留意してください。

②Q　捜査段階で通訳した事件について法廷通訳を依頼された場合にはどうしたらよいですか。また，捜査段階で共犯者の通訳を行っている場合はどうですか。

> A　裁判所は，捜査段階でどのような通訳人が付いたのかを知らないのが通常です。したがって，まずその旨を書記官に伝えてください。そのような場合には基本的には他の通訳人に依頼することになりますが，他に適格な通訳人の確保が困難な場合には通訳を再度依頼することもあります。その場合には御協力をお願いします。なお，共犯者の通訳の場合も基本的には同様です。

第4節　公判前整理手続

　公判前整理手続とは，充実した公判審理を集中的・連日的に行うことを目的として，裁判所が，検察官及び弁護人の出席のもとで行う非公開の手続をいいます（事案によっては，検察官及び弁護人が出席せず，書面のやりとりによって行うこともあります。）。

　公判前整理手続は，裁判員対象事件では必ず実施されますし，それ以外の事件では，裁判所が，充実した審理を集中的・連日的に行うために必要であると認めた場合に実施されます。そこでは，①事件の争点は何なのか，②公判において，どの証拠を，どういった順序で取り調べるのか，③公判期日をいつ行い，その期日での具体的な進行はどうするのかなどといったことが決められます。

　公判前整理手続においては，被告人は，裁判所が特に出頭を求めない限り，その期日に出頭する義務はありません。したがって，被告人が期日への出頭を希望せず，裁判所で

も特に出頭を求めない場合には,被告人不出頭のままで行われます。

①Q　公判前整理手続で通訳を行うことはありますか。
　A　公判前整理手続期日に日本語を理解しない被告人が出頭する場合には,そこで行われた手続について通訳を行うことになります。なお,被告人が出頭しない公判前整理手続期日について通訳を依頼することはありませんが,期日直前になって被告人が出頭することになった場合には,急に通訳を依頼することもありますので,その場合には御協力をお願いします。

②Q　公判前整理手続では,公判審理に比べて,通訳はかなり困難なものになるのではないですか。
　A　従前の公判審理に比べて,難しい手続が行われるわけではありませんが,事案によっては,裁判所と当事者との間で,専門的な法律用語を用いた細かいやりとりがされることもあります。そのような場合,通訳のやり方について,あらかじめ裁判所と相談しておくとよいでしょう。

③Q　公判前整理手続が実施された事件の審理について,通常の事件と異なる点はありますか。
　A　公判前整理手続が実施された事件では,その後の公判期日において,検察官の冒頭陳述の終了後,弁護人

の冒頭陳述(弁護側の主張があるとき)及び公判前整理手続の結果を明らかにする手続(66ページの参考例参照)が行われます。

また,証拠申請やこれに対する意見の聴取,証拠を取り調べるかどうかなどに関する裁判所の決定は,通常,公判前整理手続で既に行われているため,冒頭陳述や結果顕出の手続が終了した後は,引き続き証拠の取調べが行われます。

第5節　第1回公判期日の指定

裁判所が公判の期日を指定する際には,あらかじめ通訳人との間で日程の調整を行った上で期日の指定を行っています。

また,弁護人は,第1回公判期日前(公判前整理手続期日が開かれる場合には,その第1回期日前)に被告人と接見し,日本の刑事裁判手続や起訴状の内容等を説明するとともに,事件について打合せをする必要がありますので,裁判所は,それらに要する日数にも配慮して期日を指定しています。

Q　期日の打合せをする上で留意すべき事項は何ですか。
A　公判後に予定を入れている場合等で時間に制約があるときには,「何時から次の予定が入っていますから,何時までしかできません。」というふうに,具体的に書記官に伝えてください。また,その期日については通訳を

することが可能な場合でも，その期日の直後から旅行に出かけるとか，他の仕事の関係などでしばらく法廷通訳を引き受けられない場合には，「いつからいつまでは引き受けられません。」ということを，事件の依頼があった際にはっきり伝えてください。

第6節　裁判所と通訳人との連絡及び通訳人の事前準備

通訳人として選任されることが決まった場合には，書記官から，第1回公判期日の通知（公判前整理手続期日に被告人が出頭する場合には，その期日の通知）がされるとともに，当該期日に在廷してほしいという依頼があります。また，法廷通訳の準備のために，起訴状写しを郵便等で送付します（公判前整理手続の場合には，当事者から提出された書面が送付される場合もあります。）。裁判所によっては，起訴状写しなどとともに，裁判部(裁判官名)，書記官名，裁判部の電話番号，被告人の勾留場所，裁判所の近辺の地図等の必要事項を記載した事務連絡文書を送付することもあります。

なお，第1回公判期日前には，通訳人の準備のために検察官が作成した冒頭陳述書又は冒頭陳述メモ，書証の朗読（要旨の告知）のためのメモ（結審予定の場合には，さらに検察官作成の論告要旨，弁護人作成の弁論要旨）が交付されるのが一般的です。

①Q　法廷通訳の経験のない通訳人の場合，事前の準備と

してどのようなことが考えられますか。

A　事前に他の事件の法廷傍聴をしておくこと，法廷通訳ハンドブックを読むなどして勉強しておくこと，刑事裁判手続を分かりやすく説明した外国人事件用ビデオを裁判所で見せてもらうこと，裁判官又は書記官から手続の説明を受ける機会があればそれも活用することなどにより，刑事裁判手続の流れや法律用語などについて勉強しておくのがよいでしょう。また，冒頭陳述書等をできるだけ早く入手できるように，書記官から検察官や弁護人に伝えてもらうとよいでしょう。さらに，法廷に立ち会う際には，メモ取りの準備をしておくことが不可欠ですし，日ごろから通訳スキルを磨くための様々なトレーニングをしておくことも重要です（第1編第1章③Q＆A（2ページ）参照）。

②Q　通訳の準備のために，検察庁に事件の記録を見に行くことはできますか。

A　公判前の段階では，事件に関する書類は非公開とされていますから，一般的には見ることはできません。

③Q　どのような書面が事前に通訳人に交付されていますか。

A　事件によって異なりますが，一般的には，冒頭陳述書又は冒頭陳述メモ，書証の朗読（要旨の告知）のためのメモ，論告要旨，弁論要旨が交付されています。

　　　　なお，このように通訳人には準備のため訴訟に関する書面が交付されますが，これらの書面は一切他に見せてはいけません。

④Q　事前に交付された書面によく分からない点がある場合にはどうしたらよいですか。
　A　書面を作成した検察官，弁護人に確認することが望ましいと思われます。一般的な法律用語の意味の確認程度であれば，とりあえず書記官に確認するということでもよいでしょう。
　　　なお，法廷で提出される前の段階では，このような書面は，裁判所の手元にはないことを承知しておいてください。

第7節　弁護人の接見への同行

　外国人被告人の場合，日本の裁判制度に対する知識がほとんどないことが原因で不安に陥ることが少なくありません。弁護人はその職務として，起訴後できるだけ早い時期に被告人と接見し，起訴状の内容を説明して言い分を聴くとともに，日本の裁判制度等についても十分に説明することが求められています。

　そこで，国選弁護事件においては，裁判所では弁護人に対して，あらかじめ通訳人予定者の氏名，電話番号等を通知し，弁護人が希望すれば通訳人予定者を接見に同行できるように配慮することにしています。

また，一定の事件については，起訴される前の段階で，被疑者の請求により国選弁護人が選任されることがあります。この場合には，国選弁護人や国選弁護人の候補者の指名等に関する業務を行う日本司法支援センター（法テラス）から，接見への同行を依頼されることがあります。

　したがって，裁判所や国選弁護人等からそのような依頼があれば，御協力をお願いします。

　なお，国選弁護事件において，弁護人の接見に通訳人が同行した場合には，弁護人から報酬や費用の支払を受けることができます。

---

①Q　弁護人の接見に同席した場合に留意すべき事項は何ですか。

　A　被告人から尋ねられても，絶対に自己の氏名や連絡先を教えてはいけません。被告人から理由を尋ねられた場合には，「教えてはいけないことになっています。」と答えてください。

　　また，弁護人にも通訳人の氏名等を被告人に対して紹介することのないよう話をしておくとよいでしょう。

　　さらに，接見の際に，被告人の話し方の癖等を把握しておくと，法廷通訳をする際に役立ちます。

---

②Q　接見の通訳をした際に，アクセントが強かったり，方言が交じっていたりして被告人の話す言葉が分かりづらかったり，逆に被告人が通訳人の通訳内容を理解

していないと思われた場合には,どうしたらよいですか。

A 弁護人にその旨を告げるとともに,書記官にもそのことを伝えてください。コミュニケーションがどの程度取れているのか,取りにくい原因は何かなどを考慮して,裁判官が,被告人にゆっくりあるいは繰り返し話すように促すことでまかなえるかどうか,又は通訳人の交替をしてもらうかなどの措置を検討することになります。

③Q 被告人が他の言語の通訳を希望している場合にはどうしたらよいですか。

A 被告人の希望を書記官に伝えてください。同時に,そのままの言語でも意思疎通が可能である場合にはそのことを伝えるとともに,その程度などについても伝えてください。

④Q 被告人から,裁判の見通しについて尋ねられた場合にはどうすればよいですか。

A 「通訳人はそのような質問に答えてはいけないことになっています。弁護人に相談してください。」と答えるべきです。勝手に見通しを告げることはしないでください。

⑤Q 被告人から,家族に手紙を渡してほしいとか,差し

入れをするように家族に頼んでほしいというようなことを頼まれた場合にはどうしたらよいですか。
A 「通訳人はそのようなことをしてはいけないことになっています。弁護人に相談してください。」と答えるべきです。

⑥Q 弁護人から,被告人に差し入れをするよう被告人の家族に頼んでほしいと依頼された場合にはどうしたらよいでしょうか。
A 自分で依頼の適否について判断するのではなく,「裁判所に確認を取ってからでないとできませんので,裁判所に依頼の趣旨を伝え,確認を取ってください。」と言ってください。

⑦Q 被疑者段階での接見に同行した場合と,起訴後の接見に同行した場合とで,留意すべき点に違いはありますか。
A 基本的には,どちらの接見においても留意点に違いはありません。
　ただし,被疑者段階では,事件はまだ裁判所において審理すべき状態にあるわけではないので,裁判官や書記官から具体的な指示を受けることはできません。
　疑問点が生じた場合には,適宜弁護人に相談して,その指示を受けてください。

⑧Q 接見に同行した後に留意すべき事項がありますか。

> A　被疑者や被告人には，接見交通権といって，立会人なくして弁護人と接見する権利が認められています。
>
> 　そして，通訳人は特別に接見に同行することを許されているのですから，接見の際に交わされた被疑者又は被告人と弁護人とのやりとりを外部に漏らすようなことは，絶対に慎んでください。
>
> 　このことは，裁判官や書記官に対してであっても同じです。

第4章　公判手続
第1節　法廷通訳一般

> ①Q　通訳をする際には，直接話法（・・・です。）の形で通訳をすべきでしょうか，間接話法（・・・だそうです。）の形で通訳をすべきでしょうか。
> A　話者が話した内容で通訳すべきですから，直接話法の形で通訳してください。

> ②Q　被告人等が発言しない場合には，通訳人から発言するように促すべきでしょうか。
> A　通訳人は法廷で自ら発言することは原則的にないと心得ておいてください。特に被告人には，黙秘権がありますから，勝手に発言を促すようなことをしてはいけません。

③Q　連続して行う通訳時間について希望がある場合にはどうしたらよいですか。また，通訳中に休憩を取りたい場合にはどうしたらよいですか。

　A　通訳人の方からは，1時間半から2時間くらいで休憩を入れてほしいという意見が多いようです。経験が少ない通訳人の場合には，もっと短い時間で休憩が必要になることも考えられます。要望があれば，事前に書記官に伝えておいてください。また，疲労が激しい場合などには，開廷中であっても書記官にそのことを告げて裁判官に伝えてもらうとよいでしょう。

④Q　被告人から不信感を持たれているなどの問題があると感じた場合には，どうしたらよいですか。

　A　信頼関係に問題があると感じる場合には，書記官にそのことを伝えてください。不信感の背景には，例えば被告人が日本の裁判制度を誤解していることが原因になっていることもあります。その場合には，裁判官や弁護人から被告人に対し，日本の裁判制度について説明することになります。

⑤Q　法制度，習慣，文化の異なる被告人の通訳を行うに当たって，配慮すべき事項がありますか。

　A　法制度や歴史的背景の違い等から，被告人が通訳人に対し敵対心を持つことや，逆に被告人の言おう

とする本当の意味が分からないことがあると思われます。したがって、法廷通訳を行うに当たっては、語学的な面だけでなく、その国の文化や法制度等を理解するよう日ごろから努めてください。

⑥Q 被告人の陳述について、配慮すべきことがありますか。特に罪状認否についてはどうですか。

A 裁判所も留意していますが、被告人によっては、陳述の際、一度にたくさん話し出すことがありますので、法廷に入ったらすぐにメモの準備をしておくことなどが必要です。

　特に罪状認否は重要な手続ですので、慎重に通訳をする必要があります。被告人がうなずいた場合にも安易に「はい。」と通訳をするようなことは避けてください。

⑦Q 被告人が、弁護人の接見の際と異なることを述べた場合にはどうすればよいですか。

A 証拠となるのは、公判廷での発言ですから、接見の際の内容にかかわらず忠実に通訳すべきです。この場合には、接見の際の被告人の発言に影響されるようなことがあってはいけません。

⑧Q 書面を事前に交付された場合には、どのようなことに留意したらよいですか。

> A　分からない法律用語，読めない地名，人名等がある場合には早めに尋ねておく必要があります。書証の要旨の告知のために証拠等関係カードが交付されている場合には，略語表（１８５ページ参照）で書証の表題を確認しておくとよいでしょう。
>
> 　ただ，事件の進行によっては，事前に交付された書面の内容が変更されることがありますので，柔軟に対応する必要があります。

第2節　開廷前の準備

　開廷前には，裁判官又は書記官と通訳人との間で，その期日に予定された手続を確認するとともに，必要な書類や送付した書類等が手元に届いているかどうか確認することもあります。この際に書類の中に分からない用語がある場合には，説明を求めるとよいでしょう。

　なお，通訳人には守秘義務がありますから，これらの書類の取扱いには細心の注意を払ってください。

> ①Q　開廷前に準備しておく必要のあるものは何ですか。
> 　A　早めに書記官室へ行って（直接法廷に行くように言われる場合もあります。），宣誓書の署名，出頭カードの記載，報酬関係の書類への記載をする必要があります。印鑑を持っている方は，このときに使いますので，印鑑を持参してください。

> ②Q 開廷前の時間はどのように過ごすとよいでしょうか。
> A 早めに法廷に行って，自分の座る位置を確認し，メモや起訴状等の書面を通訳する順序に重ねておくなどの準備をしておくと落ち着いて通訳できるでしょう。
> なお，開廷前に勝手に被告人や被告人の関係者と話をしないようにしてください。

第3節 公判廷での手続

1 通訳人の宣誓等

まず，裁判官が，通訳人が本人であるか否かを確認する手続（人定尋問）を行います。

続いて，宣誓していただきます。宣誓書を手に持って，声を出して読んでください。宣誓する場所については，裁判官の指示に従ってください。

> Q 通訳人の宣誓の際に氏名住所等を言いたくない場合にはどうすればよいですか。
> A 勾留質問の際と同様，あらかじめ人定事項を記載した書面をもとに，裁判官が「このカードに記載されているとおりですね。」と尋ねるのが一般的です。
> 念のため，事前に書記官にその旨を伝えておいてください。

2 被告人に対する宣誓手続等についての説明

裁判官の指示に従って，被告人に対し，自分がこの裁判に

おいて裁判所から通訳を命じられたこと，そして誠実に通訳することを宣誓した旨を告げてください。

なお，これ以降は，着席のまま通訳していただいて差し支えありません。

3　被告人の人定質問

裁判官は，被告人に対して，証言台の前に進み出るよう命じ，氏名，生年月日，国籍，日本における住居及び職業を尋ねます。

4　起訴状朗読

検察官が起訴状記載の公訴事実，罪名及び罰条を朗読します。

なお，性犯罪等の事件については，起訴状に記載されている被害者の氏名や住所などの被害者を特定させる事項を法廷において明らかにしない旨の決定（以下「被害者特定事項の秘匿決定」といいます。）がされることがあります。この場合には，起訴状に記載されている被害者の氏名や住所等は明らかにされず，「被害者に対し」であるとか，「○○市内の被害者方において」などと朗読されます。

①Q　起訴状につき，外国語に的確な訳語がない場合はどのようにすればよいですか。

　A　起訴状朗読では，起訴状に記載されている内容を忠実に通訳する必要がありますが，中にはぴったりと当てはまる訳語がない場合もあります。そのような場合には，説明を付加して訳さざるを得ないことになります。用語

の意味内容について不安がある場合には,事前に書記官に相談してください。

②Q　被害者特定事項の秘匿決定がされた場合には,検察官が朗読したとおりに通訳すべきですか。それとも,起訴状に記載されている内容のとおり通訳すべきですか。
　A　必ず検察官が朗読したとおりに通訳してください。被告人には,起訴状朗読後に起訴状及び起訴状概要の翻訳文が示されますので,朗読されなかった部分を通訳する必要はありません。

5　黙秘権の告知
　裁判官が被告人に対し,黙秘権を告知します。

6　事件に対する被告人の陳述
　裁判官が被告人に対し,公訴事実についての認否を尋ねます。

7　弁護人の意見
　裁判官が,公訴事実について,弁護人に意見を求めます。これが終わると,被告人は,裁判官の指示で着席します。

8　ワイヤレス通訳システムの利用
　ワイヤレス通訳システムとは,送信機を装着した通訳人が小声で通訳を行い,それを受信機のイヤホンを通じて被告人に伝える装置です。公判廷における日本語での発言のうち,事前に通訳人に書面が交付された手続部分について,日本語での発言に並行して,あらかじめ準備した通訳内容を伝える

形で同時進行的な通訳ができるようにするものです。したがって,このシステムはいわゆる同時通訳とは異なるものです。

これにより,手続を中断することなく,被告人に通訳内容を伝えることができることになるため,審理時間の短縮,ひいては通訳人の負担の軽減を図ることができるとともに,短縮された時間を証人尋問や被告人質問に充てて審理の充実を図ることができます。

このシステムは,法廷では次のように運用されています。

(1) 通訳人が送信機を,被告人が受信機を,それぞれ使用する。
(2) 冒頭陳述,書証の要旨の告知,論告,弁論などのように,検察官又は弁護人があらかじめ準備し,通訳人に交付してあった書面を法廷においてそのまま朗読する手続に使用し,起訴状朗読,証人尋問,被告人質問及び判決宣告には使用しない。

---

①Q ワイヤレス通訳システムを利用する場合に,通訳人として留意すべき事項は何ですか。

A まず,事前に交付された書面の内容を通訳できるように十分に準備をしておく必要があります。

また,被告人がワイヤレス通訳システムの使用を拒んでいるときは,その旨裁判所に伝えてください。

当該機器はささやくような声で話をしても被告人に聞こえるようになっています。できる限り声を落として通訳してください。

②Q　ワイヤレス通訳システムを使用する際には，検察官や弁護人が書面を読む速度に合わせて該当部分を通訳すべきですか。

　A　書面の内容を通訳するわけですから，検察官や弁護人が書面を読む速度に合わせる必要はありません。むしろ，被告人に書面の内容を理解させる速度で通訳をすることが重要です。

9　証拠調べ手続
(1)　冒頭陳述

　「この裁判で検察官が証拠により証明しようとする事実は，以下のとおりである。」などと告げた後，検察官が冒頭陳述を行います。

　なお，公判前整理手続が実施された場合で，弁護側の主張があるときには，検察官の冒頭陳述の後に弁護人の冒頭陳述が行われ，引き続き公判前整理手続の結果を明らかにする手続が行われます（66ページの参考例参照）。この場合，証拠申請等に関する以下の(2)から(4)の手続は，通常，公判前整理手続の中で既に行われているため，この後は(5)の証拠の取調べが行われることになります。

Q　冒頭陳述は一括して通訳するのでしょうか，それとも一文ごとに区切って通訳するのでしょうか。

A　一括して通訳する場合が多いと思われますが，書面が事前に交付されていないような場合には，一文ごとに通

> 訳をすることもあります。

(2) 検察官からの証拠申請

　通常，冒頭陳述に引き続いて検察官が「以上の事実を立証するため証拠等関係カード記載の証拠を申請します。」などと述べます。

(3) 検察官の証拠申請に対する弁護人の意見

　検察官の証拠申請に対して，弁護人が同意，不同意などの意見を述べます。同意，不同意という言葉は通常の日本語の意味とは異なる意味を持つものですから，その意味をしっかりと理解しておく必要があります。

　また，この際に具体的な事実を示して，信用性がないとか，違法収集証拠であるというような主張がされることもありますので，メモを取る準備をしておく必要があります。

(4) 裁判所の証拠採否（証拠を採用するか却下するか）の決定

　弁護人の同意がない限り，原則として証拠書類については，証拠調べをすることはできません。裁判所は，弁護人が同意した証拠書類について，必要性や相当性を判断した上，証拠として取り調べることを決定します。弁護人が不同意とした証拠については，それに代えて，証人尋問の請求がされることもあります。

(5) 採用された証拠の取調べ

　ア　証拠書類の内容の要旨の告知（又は朗読）

　　交付された証拠等関係カードのうち採用された証拠書

類については,検察官が要旨を告知(又は朗読)するので,その順に,その内容を通訳してください。
　　イ　証拠物の展示
　　　証拠物の取調べは,検察官が採用された証拠物を法廷で示すことによって行いますが,このとき被告人に対する質問をする場合があります。すなわち,被告人が,裁判官の指示により証言台に進み出た後,検察官は被告人に対し,「検察官請求証拠番号○○番の・・・を示す。」と述べ,「あなたは,この・・・に見覚えがありますか。これはあなたの物ですか。」などと質問します。
(6)　証人尋問
　ア　証人の宣誓及び虚偽の証言に対する注意
　　証人が宣誓した後,裁判官から証人に対して,虚偽の証言をすると偽証罪で処罰される旨の告知があります。
　イ　通訳の方法
　　(ア)　外国語を使用する証人の場合
　　　a　被告人と同じ言語の場合
　　　　日本語の尋問→通訳→証人の供述→通訳の順に行います。
　　　b　被告人と異なる言語の場合（次の2通りがあります。）
　　　　(a)　日本語の尋問→証人に対する尋問の通訳→被告人のための尋問の通訳→証人の供述→日本語への通訳→被告人のための供述の通訳の順に行う方法

(b) 日本語の尋問→証人に対する尋問の通訳→証人の供述→日本語への通訳→被告人のための尋問と供述の通訳の順に行う方法

(a)の方法が原則ですが,この方法では,通訳の間に,証人が質問の内容を忘れてしまうことなどもありますので,これに代えて,(b)の方法を採ることもあります。
(イ) 日本語を使用する証人の場合(次の2通りがあります。)
a 日本語の尋問→通訳→証人の供述→通訳の順に行う方法
b 日本語の尋問→証人の供述→尋問と供述の通訳を行う方法

aの方法が原則ですが,前記(ア)bと同じ理由でbの方法を採ることも多いようです。

なお,情状証人の場合には,ある程度尋問と供述を続けた後,裁判官が通訳人に供述の要旨を告知し,まとめて通訳してもらうこともあります。
ウ 証人の不安や緊張等を緩和するための措置

犯罪によって被害を受けた方等が証人として証言する場合,不安や緊張を緩和するため,次のような措置をとることが認められています。
(ア) 証言をする際,家族等に付き添ってもらうことができます(付添い)。
(イ) 証人と被告人や傍聴席との間につい立てなどを置

き,被告人や傍聴席の視線を気にせず証言することができます(遮へい)。
(ウ) 事件によっては,法廷とテレビ回線で結ばれた別室で証言することもできます(ビデオリンク)。

なお,遮へいの措置をとった際に,被告人の様子が見えにくく,通訳をするに当たって支障がある場合には,裁判官に申し出てください。被告人の着席位置を変更したり,つい立ての位置を調整するなど,裁判官が適宜判断し,対処することになります。

①Q 質問とそれに対する答えがちぐはぐになった場合には,答えをそのまま訳すべきですか,それとも,もう一度聞き直すべきですか。
A ちぐはぐのまま通訳してください。気になるようなら裁判官に,「かみ合っていませんけれども通訳としてはそのまま伝えます。」と告げるとよいでしょう。

②Q 質問の意味が不明瞭であったり,同音異義語でどちらの意味かはっきりしないような場合にはどうすればよいのですか。
A 裁判官の許可を得て確認すべきです。

③Q 証人の発言等について,重要でないと思われる部分については通訳を省略してよいですか。

A　省略してはいけません。できる限り忠実に通訳してください。一部を省略したり内容をまとめたりすることはしないでください。

④Q　証人尋問の通訳を行う際には，どのような態度で行えばよいですか。
　A　証人に対して中立な立場で接し，その証言等に対して，仮に不信や同情等を感じても，表情に出さないようにしてください。

⑤Q　証人があいまいな返事をしたり，証言をしている途中で，言い直しをした場合には，どのように通訳すべきですか。
　A　そのまま通訳をすべきです。内容を明確にさせるためや供述の矛盾を整理するため聞き直して供述を引き出したり，通訳人が勝手に解釈して断定的な通訳をしてはいけません。

⑥Q　証人の答えが長すぎて通訳しにくい場合には，どうしたらよいですか。
　A　手を上げるなどして，裁判官に答えが長すぎて通訳しにくいことを伝えてください。そうすれば，裁判官が答えを一文ずつ区切って通訳するように指示したり，尋問者に対して問いを工夫してもらうよう指示するなど，適宜判断し，対応してくれます。

⑦Q　証言の内容が高度に専門的,技術的であるなどの理由により,そのまま通訳をすることに無理があると感じた場合には,どうしたらよいですか。

A　直ちにそのことを裁判官に告げてください。分かる部分だけを通訳するようなことは,しないでください。

可能であれば平易な内容に証言をし直してもらうなどの措置を採ることになります。

⑧Q　証人との間で,アクセントや方言のためにコミュニケーションが取りづらいときには,どうしたらよいですか。

A　直ちにそのことを裁判官に告げて,指示を待ってください。程度にもよりますが,ゆっくり証言させたり,繰り返し証言することにより手当てができるのであれば,そのような方法を採ることになります。

⑨Q　通訳をする際には,発言者の表現を忠実に再現するべきですか。

A　発言者と同じ表現を使ってください。例えば丁寧語を用いるなどして表現方法を改めるようなことはしないでください。

⑩Q　証言の途中で,例えば大きさや高さや量を示すために,証人が身振り手振りをした場合には,身振り

手振りも含めて通訳すべきですか。
　Ａ　言葉だけを通訳すればよく，身振り等を繰り返す必要はありません。

⑪Ｑ　答えが聞き取れないなどの理由により，答えを繰り返してほしいと思ったときはどうすべきですか。
　Ａ　裁判官に，「聞き取れませんでしたので，証人に答えを繰り返すように頼んでもいいですか。」と断ってから頼んでください。

⑫Ｑ　尋問に対して異議が出された場合には，どのようにしたらよいですか。
　Ａ　異議に対する意見，判断などの一連のやりとりを逐一通訳するのか，あるいは，やりとりが終わった後に裁判官が通訳すべき範囲をまとめて，それに従って通訳するのかなど，裁判官の指示に従って対応してください。ただ，一連のやりとりは，メモに取っておくとよいでしょう。

⑬Ｑ　証言中の語句，言い回し等を理解できない場合や，通訳できない場合にはどうしたらよいですか。
　Ａ　証言の繰り返しや別の言葉での表現を頼んでよいかについて裁判官の許可を得てください。

⑭Ｑ　証人等が人数や性別がはっきりしない代名詞を使った場合には，どうしたらよいですか。

A　そのために完全な通訳ができないことを裁判官に告げて，その部分をはっきりさせるように質問してよいかどうかの許可を得てください。

⑮Q　質問者が名前や数字を間違って質問している場合でもそのまま通訳すべきですか。
　A　そのまま通訳すべきです。誤りの指摘や訂正についても裁判官や検察官，弁護人に任せてください。
　　ただ，明らかに誤解に基づく場合で，だれも気が付いていないと思われるときには，その旨を裁判官に指摘してください。

⑯Q　通訳に関し，正確性について疑問がある旨の指摘を受けた場合にはどうしたらよいですか。
　A　裁判官の指示を待ってください。裁判官の許可があるまで，正確性について自分の意見を述べるのは差し控えてください。通常，裁判官は，問題とされた供述等を引き出す発問からやり直してもらい，あるいは発問の仕方を変えて平易な表現でその点を聞き直させることにより処理する場合が多いと思われます。

⑰Q　質問や発言の中に寸法や重量，外国通貨の量が含まれている場合には，日本のそれらのものに換算すべきですか。

A 自分で換算する必要はありません。換算は,基本的には裁判官,検察官又は弁護人が行います。
　暦についても一度そのまま通訳してください。その後,換算に関するやりとりがあった場合にはそれを通訳し,また,裁判官から西暦等に換算した上で通訳するように指示された場合には,それに従ってください。

⑱Q　図面を利用した尋問等の場合に,留意する事項は何ですか。
A　被告人が「ここ。」とか「あそこ。」と発言した場合でもそのとおり通訳する必要があります。また,複雑な尋問の場合には,書記官に頼んで図面の写しを準備してもらうとよいでしょう。

⑲Q　仲間うちでだけ用いられる特殊な用語が使用された場合には,通常の言葉に直して通訳すべきですか。
A　そのまま通訳する必要があります。そして,必要があれば裁判官等が続けて質問しますので,それを待つべきです。

⑳Q　鑑定証人の尋問の場合に留意すべき事項は何ですか。
A　難しい専門用語を通訳する必要がありますので,あらかじめ尋問の際に使用すると思われる用語につ

> いては調べておく必要があります。また，尋問の中に理解できない言葉がある場合には，遠慮なく申し出てください。専門用語を調べる時間が必要な場合には，その旨申し出てもよいでしょう。

10 被告人質問

被告人は，宣誓することはありません。なお，通訳は，日本語の質問→通訳→被告人の供述→通訳の順序で行うのが一般的です。

> ①Q　被告人が質問の内容を理解していないと思われる場合にはどうしたらよいですか。
> 　A　通訳人の判断で被告人に説明したりせず，よく理解できていないということを裁判官に告げてください。

> ②Q　被告人が個人的に話しかけてきた場合にはどうすべきですか。
> 　A　会話に応じないで，身振りなどで，会話はできないことを示してください。実際に話しかけられた場合は，その内容を裁判官に伝えてください。

11 論告

検察官の事件に関する最終的な意見が述べられます。検察官から事前に「論告要旨」と題する書面（ただし，求刑部分を空欄としたもの）が交付されるのが一般的です。書面が交

付されている場合には，検察官の意見陳述後に，この書面に基づいて通訳してください。また，この場合には，ワイヤレス通訳システムを利用することが多いと思われます。

なお，被告人が求刑の意味を理解していない場合には，裁判官が補足説明をすることがあり，その場合には，それを通訳することになります。

Q 論告の際に留意する事項は何ですか。
A 求刑は，あくまでも検察官の意見ですが，判決を宣告されたと誤解する被告人も多いです。通訳人の方もこの点についてはよく理解しておいてください。

　なお，論告要旨が事前に交付される場合でも，求刑のところは空欄になっている場合がほとんどです。したがって，求刑についてはその場で検察官が述べた内容を正確に聞き取り，通訳するようにしてください。聞き漏らした場合には，検察官に確認してください。

12　弁護人による弁論

弁護人の事件に関する最終的な意見が述べられます。弁護人からあらかじめ「弁論要旨」又は「弁論メモ」と題する書面が通訳人に交付され，通訳はこれに基づいて行うのが一般的です。弁論要旨等を事前に交付してある場合には，ワイヤレス通訳システムを使用することが多いと思われます。

弁護人が，弁論要旨等を事前に準備していないときは，弁護人は通訳できるよう適当な範囲で区切って弁論し，通訳人

は順次通訳する運用になることが多いと思われます。

> Q　ワイヤレス通訳システムを使用する論告・弁論の手続で，検察官が被告人の弁解内容に対応して，事前に交付した論告要旨の書面の内容を一部訂正，追加したり，弁護人が論告の内容に対応して弁論要旨の内容を同様に変更した場合にはどうしたらよいですか。
> A　検察官又は弁護人が訂正，追加した部分を通訳人に指摘しますので，それに基づいて通訳することになります。

13　被告人の最終陳述

裁判官が，被告人に対し，「これで審理を終えますが，最後に何か言いたいことがありますか。」などと尋ねます。被告人は，証言台に進み出て陳述する場合がありますので，その内容を通訳してください。

14　次回期日の指定

裁判官が次回期日を指定しますので，その期日と，次回期日に何を行うかについて，裁判官の説明したことを通訳してください。被告人の最終陳述が終わっていれば，次回期日には判決が言い渡されることになります。

続行期日，判決宣告期日を指定する際には，通訳人と調整して期日を指定することになります。特に，継続して開廷する場合には，通訳人との関係で期日を一括指定することもありますから，自分の都合を何か月か先まで正確に把握しておく必要があります。

15　判決宣告の手続

判決宣告の手続については，法廷通訳参考例（８４ページ）を参考にしてください。

判決書の内容は事前に外部に漏れると困りますので，当日までは見ることができません。ただ，判決を正確に通訳できるようにするため，通訳人用の判決要旨，判決写しを作成し，裁判所によっては，これを判決宣告期日の開廷１０分ないし３０分くらい前に通訳人に交付し，事前に目を通してもらうといった運用もされています。この場合に，判決要旨等を交付した後は書記官室から出ないようにしてもらっているようです。裁判所がどのような方法を採っているのかを確認するとよいでしょう。また，判決の要旨等がないと通訳に不安がある場合には，あらかじめ書記官にその旨を申し出るとよいでしょう。

いずれにしても，判決宣告期日には少し余裕をもって裁判所に行くとよいでしょう。

なお，判決宣告手続にはワイヤレス通訳システムは使用しない取扱いです。

---

①Q　判決宣告期日の公判に要する時間は，どれくらいを予定しておけばよいですか。

A　事件によって異なりますので，裁判官にどの程度時間を取っておけばよいか確認してください。

一般的には，被告人が否認している事件は，自白事件よりも時間を要することになります。

> さらに、判決宣告期日に弁論を再開して証拠調べ等を行うこともありますので、注意してください。

②Q 執行猶予の説明を通訳する際に留意すべき事項は何ですか。
　A 執行猶予の説明は、被告人には分かりにくい面がありますので、裁判官もできるだけ分かりやすい説明をするように心掛けています（86ページの参考例参照）。それでも被告人が理解していないと思われる場合には、裁判官にそのことを告げてください。

③Q 未決勾留日数の刑への算入の説明を通訳する際に留意すべき事項は何ですか。
　A 未決勾留日数の刑への算入の説明も被告人には分かりにくいようですので、裁判官は分かりやすい説明を心掛けています（86ページの参考例参照）。通訳人においても書記官に尋ねるなどして内容をよく理解しておいてください。

16　上訴期間等の告知

有罪の判決の場合には、裁判官は被告人に対して上訴期間及び上訴申立書を差し出すべき裁判所を告知します。

17　即決裁判手続

即決裁判手続とは、争いのない明白軽微な一定の事件について、検察官からの申立てにより、裁判所が決定に基づいて

行う手続です。この手続には，①起訴されてから公判期日までの期間が短いこと(できる限り,起訴後14日以内の日に公判期日を指定することとされています。)，②一般の公判手続と比べ，簡略な方法で証拠調べが行われること，③原則として，即日判決が言い渡され，その判決において懲役又は禁錮の言渡しをする場合には，必ずその刑の執行が猶予されることなどの特徴があります。

Q　即決裁判手続において留意すべき事項は何ですか。
A　通常の事件と比べ，起訴されてから公判期日までの期間が短いことから，事案によっては，通訳の依頼が期日の直近になることがあります。その場合には，御協力をお願いします。
　　また，公判期日において交わされるやりとりについて，通常の手続とは一部異なる部分があります（76ページの参考例参照）。このほか，原則として即日判決が言い渡されるため，判決宣告の通訳の準備をどうするのかを含め，あらかじめ書記官等に手続の流れを確認しておくとよいと思われます。

第4節　裁判員裁判

　　裁判員裁判においては，一般の国民の中から選ばれた裁判員が裁判官とともに審理に参加することから，その審理は集中的・連日的に行われます。これを可能とするために，すべての事件において必ず公判前整理手続が実施され，こ

の中で事前に争点や証拠の整理等が行われます。

　また，法廷での審理内容を裁判員にも分かりやすいものにするため，法廷内で使用される法律用語は，一般の人にも分かるような言葉に言い換えられたり，冒頭陳述等においてプレゼンテーションソフトが用いられる例もあります。さらに，証拠調べにおいても，供述調書等は全文朗読又は限りなくこれに近い要旨の告知の方法によって取り調べられているほか，証人に法廷で直接証言してもらうことも増えています。なお，プレゼンテーションソフトが用いられる場合には，示された文書や画像などの内容をスムーズに通訳することができるように，事前に裁判所や訴訟関係人と打合せをしておくとよいでしょう。

---

①Q　連日的開廷が行われる場合，通訳人の負担はかなり重くなるのではないでしょうか。

　A　裁判員裁判における尋問は，従来よりも争点に即した，簡にして要を得たものとなりますし，また，裁判員の疲労や負担にも配慮して，これまでよりも頻繁に，相応の時間の休憩が取られることになります。したがって，一概に通訳人の負担が重くなるということはありません。

---

②Q　裁判員裁判を担当するにあたり，事前に裁判所と打合せをしておく必要はありますか。

　A　連日的開廷により，肉体的，精神的疲労が蓄積して

> 一人で通訳をすることが困難と予想される場合や，日程の都合がつかず，一部の期日に出頭できない場合などには，事前に裁判所に申し出てください。審理中の休憩の取り方や，場合によっては，通訳人を複数選任することなどについて，裁判所が，通訳人の意向も考慮しつつ，個別に判断させていただくことになります。

> ③Q　公判期日までの準備事項で，これまでと異なる点はありますか。
> A　裁判員裁判では，供述調書等は全文朗読又は限りなくこれに近い要旨の告知の方法によって取り調べられることになります。その通訳の準備のため，あらかじめ訴訟関係人から通訳人に資料が交付されることがありますので，それを基に準備しておくとよいでしょう。受け取った書類については，絶対に他人の目に触れることのないよう細心の注意を払うようにしてください。

第5節　被害者参加

　殺人，傷害，自動車運転過失致死傷等の一定の刑事事件の被害者や遺族の方等が，裁判所の許可を得て，被害者参加人として刑事裁判に参加し，検察官との間で密接なコミュニケーションを保ちつつ，一定の要件の下で，公判期日に出席するとともに，証人尋問，被告人質問及び事実又は法律の適用についての意見の陳述を行うことができる制度

です。

なお,被害者参加人が日本語に通じない場合にも,通訳をお願いすることになります。

①Q　被害者参加人が発言するのは,具体的にはどのような場面ですか。
　A　情状に関する証人の供述の証明力を争うために必要な事項について証人を尋問する場面,被害者参加人が意見を述べるため必要と認められる場合に被告人に質問をする場面,事実又は法律の適用について意見を述べる場面などがあげられます。なお,被害者参加人が出席する際にも,付添い,遮へいの措置が認められています(27ページ9(6)証人尋問ウ(ア)(イ)参照)。

②Q　被害者参加人が意見陳述を行う場合,どのように通訳をすればよいですか。
　A　一文ずつ区切って通訳を行うか,陳述後にまとめて通訳を行うかなど,通訳の方法については,あらかじめ裁判所と相談しておくとよいでしょう。なお,意見陳述が長くなる場合には,被害者参加人が事前に準備していた読み上げ書面に基づいて通訳をしていただく場合もあります。

③Q　被告人から,どうして被害者等が法廷に立ち会っているのかと尋ねられた場合,どのように対応すればい

いですか。
A そのような場合には,通訳人の判断で被告人に説明したりせず,裁判官に対してその旨を伝え,指示に従ってください。

第5章 その他の留意事項

①Q 判決宣告直後に,弁護人から,被告人に判決の内容やその後の手続について説明をするための通訳を依頼された場合はどうしたらよいですか。
A そのような説明が必要となる場合もありますので,依頼された場合にはよろしくお願いします。

②Q 弁護人以外の者から,被告人と接見等をする際の通訳を依頼された場合にはどうしたらよいですか。
A 公正さに疑いを持たれる行為ですから,断ってください。

③Q 弁護人から上申書等の翻訳を依頼された場合にはどうしたらよいですか。また,その場合の報酬はどのようになりますか。
A 弁護活動を行う際に使用される一定の書面について,国選弁護人からの依頼に基づいて翻訳を行った場合には,弁護人から報酬の支払を受けることができます。依頼を引き受けるに当たっては,事前に報酬等につい

て弁護人から説明を受けておくとよいでしょう。

④Q 通訳費用の負担について被告人から尋ねられたらどうしたらよいですか。
A 弁護人に尋ねるよう告げてください。ちなみに通訳にかかった費用については，裁判実務では被告人に負担させない運用が定着しています。

⑤Q 判決宣告により終了した事件の関係書類はどうしたらよいですか。
A まず，判決要旨は，宣告後すぐに裁判所に返還してください。その他の書類については，裁判所から返還を求められなければ，処分して差し支えありませんが，書類が他人の目に触れないように，処分方法には十分に注意してください。

第2編

控訴審における刑事手続の概要

第2編　控訴審における刑事手続の概要

第1章　控訴審とは
1　上訴制度

上訴とは，未確定の裁判に対して，上級裁判所の審判による救済を求める不服申立ての制度です。

第一審の判決に不服がある場合には，訴訟当事者は，事実誤認，訴訟手続の法令違反，法令適用の誤り，量刑不当などを理由として，高等裁判所に対して上訴（控訴といいます。）することができます。控訴審の裁判所は，第一審が地方裁判所又は簡易裁判所のいかんにかかわらず高等裁判所です。控訴審では合議体で裁判を行います。

控訴審の判決に不服がある場合には，最高裁判所に上訴（上告といいます。）することができます。

2　控訴審の役割

控訴審では，申立人の指摘する控訴理由を中心に，第一審判決の当否を審査することが直接の目的とされます。審理の結果，第一審判決を維持すべきであれば控訴棄却，第一審判決を取り消す必要があれば原判決破棄となります。原判決破棄の場合には，第一審裁判所に事件を差し戻し，又は移送するときと，控訴審の裁判所が自ら事件について判決をし直すときとがあります。

第2章　控訴の申立て等

1 控訴の提起期間

　控訴の申立てのできる期間は，14日以内と規定されています。この期間は，第一審判決の宣告のあった日の翌日から起算されます。

2 申立ての方式

　第一審の判決（原判決ともいいます。）に対して控訴する場合には，当事者は控訴申立書を第一審の裁判所（原裁判所ともいいます。）に提出して行います。

　控訴の申立てがあったとき，第一審裁判所は，速やかに訴訟記録及び証拠物を控訴裁判所に送付します。

3 上訴の放棄

　上訴の放棄とは，上訴の提起期間満了前に，上訴する権利を放棄することですが，死刑，無期懲役及び無期禁錮のような重大な刑に処せられた判決に対しては上訴を放棄することはできません。

　なお，上訴を放棄した者は，上訴の提起期間内であっても更に上訴を提起することはできません。

4 上訴の取下げ

　上訴の取下げは，上訴審の判決があるまですることができます。

　なお，上訴を取り下げた者は，上訴の提起期間内であっても更に上訴を提起することはできません。

第3章　控訴審の手続
第1節　控訴審の第1回公判期日までの手続

1 弁護人選任に関する手続

弁護人は審級ごとに選任しなければなりません。したがって，第一審において弁護人を選任していた場合であっても，控訴を申し立てた被告人は，控訴審でも弁護人を選任しようとする場合には，改めて裁判所に弁護人選任書を提出しなければなりません。裁判所の行う弁護人選任照会，国選弁護人選任の手続等については第一審の場合と同様です。照会書については，高等裁判所の依頼に基づいて，第一審裁判所において送付するという取扱いが実務においてされています。

2 通訳人の選任に関する手続

通訳人の選任については，第一審の場合と同様です。

3 被告人の移送

控訴審において，被告人が勾留されている事件の公判期日を指定するときは，その旨を検察官に通知しなければなりません。通知を受けた検察官は，被告人の身柄を，速やかに控訴審裁判所の所在地にある拘置所に移送します。

これは，被告人が控訴審の公判に備えて，弁護人との打合せ等の準備をしたり，自ら公判廷に出頭したりする際の便宜等のためです。

4 控訴趣意書の提出

控訴趣意書とは，控訴の申立てをした者が控訴審に対して自己の主張である控訴理由を簡潔に指摘した書面です。控訴趣意書は，被告人自身で書いて差し出すことも法律上はできますが，通常は，弁護人が被告人のために作成して差し出しています。

なお、控訴の申立ての理由は、控訴趣意書に記載すればよく、必ずしも控訴申立書に記載する必要はありません。

控訴審裁判所は、控訴趣意書を受け取ったときは、速やかにその謄本を相手方に送達しなければなりません。

＊控訴理由の限定

控訴の理由は、刑訴法に定められており、それ以外の事由を控訴理由とすることはできません。控訴の理由としては量刑不当が最も多く、事実誤認がこれに次ぎ、訴訟手続の法令違反、法令の適用の誤りもよく見られます。

＊控訴趣意書差出最終日の指定

裁判所は、控訴趣意書につき、期間を定めて提出を促します。その期間は、控訴趣意書差出最終日指定通知書を控訴申立人に送付することによって通知します。

5 答弁書の提出

答弁書は、控訴趣意書に対する相手方の意見を記載したもので、書面により控訴審裁判所に差し出すものです。

6 第1回公判期日の指定と被告人の召喚

控訴審においては、被告人は、裁判所が特に出頭を命じた場合以外は公判期日に出頭する義務はありません。しかし、公判期日に出頭し、自ら防御権を行使する権利は保障する必要がありますので、期日が指定されたときは、実務上、被告人に対して公判期日召喚状による召喚の手続がとられています。実際にも、被告人が出頭するケースが圧倒的に多いとされています。

＊被告人に対する出頭命令

裁判所は，５０万円以下の罰金又は科料に当たる事件以外の事件について，被告人の出頭がその権利の保護のため重要であると認めるときは，被告人の出頭を命ずることができます。この出頭命令があると，被告人は，公判期日に出頭する義務が課せられることになります。

第2節 控訴審における公判審理
1 概要

控訴審の公判審理は，まず第１回公判期日で，控訴を申し立てた当事者から控訴趣意書に基づく弁論がなされ，これに対する相手方の答弁があります。必要がある場合は請求又は職権により事実の取調べが実施されます。

事実の取調べが終了すると，当事者の請求により事実の取調べの結果に基づき弁論をすることができます。

弁論が終結されると，判決宣告期日が指定されて，その期日に判決が宣告されます。

＊**被告人の弁論能力の制限**

裁判所が被告人質問を採用したときには，被告人は訴訟関係人の質問に対して任意の供述はできますが，弁論をすることはできないとされています。したがって，被告人のためにする弁論は，弁護人でなければこれをすることができません。

2 公判期日の手続の流れ
(1) 通訳人の人定尋問と宣誓

第一審と同様の手続で行われます。

(2) 被告人の人定質問

控訴審では，人定質問は必要的なものではなく，出頭した場合でも適宜の方法で人違いでないことを調べれば足りるとされています。実務では，被告人が出頭したときは，人定質問がなされるのが通例です。なお，控訴審でも「被告人」と呼ばれることは第一審と同じです。

　人定質問がされる場合は，第一審と同様に，裁判長が被告人に対し，氏名，生年月日，国籍，日本における住居及び職業を尋ねます。

　　＊黙秘権の告知

　　　控訴審では，黙秘権の告知は必要的ではありませんが，行われることもあります。また，事実の取調べとして被告人質問をする場合に，その実施前に告知することもあります。

(3) 控訴趣意書に基づく弁論

　検察官及び弁護人は，控訴趣意書に基づいて弁論しなければならないとされています。控訴趣意書に記載した事項を基礎としてそれに関連する事項を説明したりすることや，控訴趣意書の範囲内であれば，期間経過後に提出された控訴趣意補充書あるいは控訴趣意補正書等に基づく弁論をすることも許されているのが実務の取扱いです。控訴趣意書の範囲を逸脱したり，趣意書に記載のない新しい主張を付加したりすることは許されません。

　被告人側が控訴を申し立てた場合に，被告人が自ら控訴趣意書を書いて提出することがありますが，被告人には弁論能力がありませんので，弁護人がその判断で被告人提出

の控訴趣意書をも含めて弁論をすることになります。

　控訴趣意書に基づく弁論は，弁護人と被告人との間の打合せにより被告人に控訴趣意書の内容があらかじめ伝わっている場合には，「控訴趣意書記載のとおり」として行われることがほとんどです。被告人に内容が伝わっていない場合などは，弁護人が必要に応じて控訴趣意書の内容を要約したり，自ら要旨を作成して，それに基づき述べたりします。

(4) 控訴趣意書に対する相手方の意見（答弁）

　控訴の申立ての相手方は，答弁書に基づき，又は答弁書の提出がないときは口頭で，控訴申立人の控訴趣意書の内容に反論する弁論をします。

　被告人控訴の場合に，事前に検察官から答弁書が提出されている場合には，「答弁書記載のとおり」として答弁することがほとんどです。答弁書が提出されていない場合には，検察官が口頭で「本件控訴は理由がないので，棄却されるべきである。」などと答弁することになります。

(5) 事実の取調べ

　控訴審の審査は，控訴理由の有無の調査という形で行われますが，事実の取調べはその調査の一方法です。控訴趣意書に包含された事項についての調査は，義務的に行われますが，事実の取調べはその調査に必要な場合に制限されています。

　事実の取調べとしては，第一審における証拠調べの方法にのっとり，証人尋問，検証，鑑定，被告人質問あるいは

書証の取調べなどが行われることになります。

このほか,審理の過程で訴因等が変更される場合もあります。
(6) 事実の取調べの結果に基づく弁論

事実の取調べをしたときは,検察官及び弁護人は,その結果に基づいた弁論をすることができますが,任意的なものです。そして,この弁論は,事実の取調べの結果,控訴理由の存否につき意見をふえんする必要がある場合にその点に限って認められるものです。したがって,事件全般についての意見を陳述する第一審のいわゆる論告や弁論とは性質を異にします。

なお,被告人には弁論能力がないので,事実の取調べの結果に基づく弁論を認めず,その最終陳述も認めない扱いが実務の大勢です。
(7) 次回公判期日の指定・告知
3 判決宣告期日

判決宣告・上訴期間等の告知

(判決主文例については98ページ,判決理由の例については118ページ参照)

＊被告人の収容

第一審判決で禁錮以上の刑の言渡しがされている場合に,控訴棄却の判決があると,保釈又は勾留の執行停止はその効力を失い,新たな保釈又は執行停止がない限り,被告人の身柄については,収容の手続がとられることになります。ただし,控訴審では直ちに収容の手続をとら

ないのが通例です。

第3編

法廷通訳参考例

第3編　法廷通訳参考例

　　ここでは，刑事裁判における具体的なやりとりの例を取り上げ，通訳の参考例を対訳の形で収録しています。第1編，第2編の刑事裁判手続の説明と合わせて活用してください。

概要目次
विषय – सूची

第1章　勾留質問手続 ………………………… 56
I. हिरासत के लिए पूछताछ की कार्यवाही

第2章　公判手続 ……………………………… 62
II. मुक़द्दमे की कार्यवाही

第3章　第一審における判決主文の例 ………… 88
III. निचली अदालत द्वारा दिए गए फ़ैसलों के मुख्य अंश के उदाहरण

第4章　控訴審における判決主文の例 ………… 98
IV. उच्च-न्यायालय में दायर अपील (कोसो) पर दिए गए फ़ैसलों के मुख्य अंश के उदाहरण

第5章　第一審における判決理由 ……………100
V. निचली अदालत द्वारा दिए गए फ़ैसलों के आधार

第6章　控訴審における判決理由 ……………118
VI. उच्च-न्यायालय में दायर अपील (कोसो) पर दिए गए फ़ैसलों के आधार

第1章　勾留質問手続

1　前置き

（裁）　私は，○○地方裁判所の裁判官です。検察官から勾留請求といって，引き続いてあなたを留置してほしいという請求がありました。そこで，これからあなたを勾留するかどうかを決めるために，あなたに対して被疑事実を告げ，それに関するあなたの陳述を聴くことにします。その前にいくつかの注意及び説明をします。

2　黙秘権の告知

（裁）　まず第一に，あなたには黙秘権があります。私の質問に対し，始めから終わりまで黙っていてもいいし，個々の質問に対して答えを拒むこともできます。答えないからといって，それだけで不利益な扱いを受けることはありません。

3　弁護人選任権の告知

（裁）　第二に，あなたは自分の費用で弁護人を選任する権利があります。弁護人を選任したいけれども，弁護人の心当たりがないという場合には，弁護士会を通じて選任する方法があります。そのような申出があれば，裁判所から弁護士会に通知しますから，希望する場合は遠慮なく言ってください。

（被疑者国選弁護対象事件の場合）

　　　　　あなたが経済的な理由などで自分の費用で弁護人を選任することができないときは，裁判官に弁護人の選

I. हिरासत के लिए पूछताछ की कार्यवाही
1. परिचय
(ज) मैं ------- ज़िला अदालत का न्यायाधीश हूँ। सरकारी अभियोजक ने आपको हिरासत में लिए जाने के लिए आवेदन दिया है। आपकी हिरासत संबंधी फैसला लेने से पहले, मैं आप पर लगे कथित आरोप पढ़कर सुनाऊँगा, जिसे सुनने के बाद आप उन कथित आरोपों पर टिप्पणी कर सकते हैं। सुनवाई से पहले, सर्वप्रथम मैं आपको कुछ जानकारी देना चाहूँगा और कुछ निर्देश भी।

2. ख़ामोश रहने के अधिकार की व्याख्या
(ज) सबसे पहले, आपको मौन रहने का हक़ है। मेरी पूछताछ की तमाम कार्यवाही के दौरान आप चाहें तो ख़ामोश रह सकते हैं, या फिर मेरे द्वारा पूछे गए किसी भी ख़ास प्रश्न का उत्तर न भी देना चाहें तो मौन रह सकते हैं। चुप रहने या जज द्वारा पूछे गए प्रश्न का उत्तर न देने पर आपके ख़िलाफ़ कोई प्रतिकूल विचार नहीं किया जाएगा।

3. वकील करने के अधिकार की व्याख्या
(ज) दूसरा, आपको अपने खर्च पर, अपने बचाव के लिए वकील नियुक्त करने का अधिकार है। अगर आप वकील नियुक्त करना चाहते हैं, लेकिन बचाव पक्ष के वकील संबंधी आपको कोई जानकारी नहीं है, तो आप बार एसोसिएशन के ज़रिये वकील नियुक्त कर सकते हैं। अगर आप वकील नियुक्त करना चाहते हैं तो अदालत में आवेदन करने से न झिझकें। अदालत आपकी विनती के बारे में बार एसोसिएशन को सूचित करेगी।
(संदिग्ध व्यक्ति अदालत द्वारा नियुक्त बचाव पक्ष के वकील की सहायता लेने के योग्य होने की स्थिति में)
यदि आप आर्थिक या अन्य कारणों से अपने खर्च पर बचाव पक्ष का

任を請求することができます。この請求をする場合には，資力申告書を提出しなければなりません。また，資力申告書の資力の合計額が５０万円以上の場合には，あらかじめ，○○弁護士会に弁護人の選任の申出をしていなければなりません。

4 勾留の要件の説明

（裁） あなたに，罪を犯したと疑うに足りる相当な理由があり，かつ，住居が不定であるか，証拠を隠滅したり逃亡したりすることを疑うに足りる相当な理由がある場合には，勾留されることになるかもしれません。

5 勾留の期間の説明

（裁） 勾留される期間は，原則として１０日間です。しかし，場合によっては，１０日たつ前に釈放されることもありますし，更に１０日以内の日数勾留が延長されることもあります。

6 被疑事実の告知

（裁） それでは，勾留請求の理由となっている犯罪事実を読むのでよく聞いてください。その後で，これに対して言いたいことがあったら述べてください。

「被疑者は，平成○○年１０月１０日午後６時５０分ころ，○○市丸山町１番１号所在の株式会社甲百貨店（代表取締役甲野太郎）本店３階貴金属売場において，同社所有のダイヤモンド指輪１個（時価３００万円相当）を自己の背広の内側ポケットに入れて窃取したものである。」

वकील करने में असमर्थ हैं, तो आप जज को वकील की नियुक्ति के लिए आवेदन कर सकते हैं। ऐसा आवेदन करने की स्थिति में, आपको अपने आर्थिक साधनों की रिपोर्ट जमा करनी होगी। यदि आपके पास आर्थिक साधनों के रूप में 5 लाख येन या उससे अधिक मौजूद हैं, तो आपके द्वारा पहले से --- बार एसोसिएशन में आवेदन किया होना आवश्यक है।

4. हिरासत की शर्तें की व्याख्या
(ज) यदि अदालत यह मानती है कि इस शक के पर्याप्त कारण मौजूद हैं कि आपने अपराध किया है, आपका कोई स्थाई पता नहीं है या फिर इस शक के भी पर्याप्त कारण मौजूद हैं कि आप सबूतों को नष्ट कर देंगे या भागने की कोशिश करेंगे, तो आपको हिरासत में लिया जा सकता है।

5. हिरासत की अवधि की व्याख्या
(ज) हिरासत की अवधि नियमानुसार 10 दिन है, किन्तु यह केस पर निर्भर करता है। आपको हिरासत से 10 दिन से पहले भी छोड़ा जा सकता है अन्यथा यह हिरासत अगले 10 दिनों तक के लिए बढ़ाई भी जा सकती है।

6. कथित तथ्यों (आरोपों) का पठन
(ज) अब उन आपराधिक तथ्यों को पढ़कर सुनाया जाएगा जिनके आधार पर आपकी हिरासत के लिए आवेदन दिया गया है, कृपया इन्हें ध्यान से सुनें। इसके बाद आपको अपनी बात कहने का मौका दिया जाएगा।
"अभियुक्त ने ------- शहर, 1-1 मारुयामाचो स्थित 'क' डिपार्टमेंटल स्टोर (सीईओ कोनो तारो) की मुख्य शाखा की तीसरी मंज़िल पर गहनों की दुकान से 10 अक्तूबर ---- की शाम लगभग 6:50 बजे एक हीरे की अंगूठी (उस समय जिसकी कीमत लगभग 30 लाख येन) चोरी करके अपनी जैकेट की अंदरूनी जेब में डाल ली।"

7 被疑事実に対する陳述
　（被）・　事実はそのとおり間違いありません。
　　　　・　身に覚えがありません。
　　　　・　検察庁で述べたとおりです。

8 勾留通知先
　（裁）　あなたが勾留されることになった場合には，裁判所から弁護人あてにその旨を通知します。弁護人がない場合には，国内にいるあなたの配偶者，親兄弟等のうち，あなたが指定する1人に通知します。また，弁護人もそのような家族もない場合には，雇主とか知人などのうちからあなたが指定する1人に通知します。通知先の氏名，住居，電話番号を述べてください。
　（被）　日本にいる兄に連絡してください。
　（裁）　住所と名前は。
　（被）　名前は，Aです。私と同じところに住んでいます。

9 領事機関への通報
　（裁）　あなたは，○○国国民として，領事関係に関するウィーン条約第36条第1項（b）の規定により，勾留の事実を○○国領事官に通報することを要求しますか。
　（被）　通報することを要求します。〈要求しません。〉
　（裁）　なお，領事機関に対しては，我が国の法令に反しない限り，信書を発することができます。

10 読み聞け
　（書）　あなたが述べたことを調書に書きましたので，それを読み上げます。間違いなければここに署名して，左

7. **कथित तथ्यों (आरोपों) के प्रति बयान**
(सं) • ये सभी आरोप सत्य हैं।
• मेरा इन तथ्यों से कोई लेना-देना नहीं है।
• मुझे केवल वही कहना है, जो मैंने सरकारी अभियोजक के कार्यालय में कहा था।

8. **हिरासत संबंधी नोटिस**
(ज) अगर आपको हिरासत में लिया जाता है, तो अदालत आपके वकील को आपकी हिरासत की सूचना देगी। अगर आपके पास वकील नहीं है, तो अदालत जापान में उपस्थित आपके पति/पत्नी, माता-पिता, सहोदर/बहन या भाई में से किसी एक व्यक्ति को जिसे आप नामित करते हैं, उसे सूचना देगी। यदि आपका कोई वकील नहीं है और परिवार का कोई सदस्य भी नहीं है, तो अदालत आपके मालिक या जान-पहचान के उस व्यक्ति को जिसे आप नामित करेंगे, सूचना देगी। आपकी हिरासत के बारे में आप जिस व्यक्ति को सूचना देना चाहते हैं, उसके नाम, पते और फोन नम्बर का उल्लेख कीजिए।
(सं) कृपया जापान में मेरे भाई को सूचित किया जाए।
(ज) उसका नाम और पता क्या है?
(सं) उसका नाम 'क' है, और जो मेरा पता है वह उसी पते पर उपलब्ध है।

9. **वाणिज्य दूतावास को सूचना**
(ज) आप ------- के नागरिक हैं। क्या आप चाहते हैं की काउंसलर रिलेशन्स पर वियना समझौते की धारा 36(1)(बी) के अंतर्गत आपकी हिरासत की सूचना, आपके देश ------- के वाणिज्य दूतावास को दे दी जाए?
(सं) जी हाँ। <जी नहीं>
(ज) यदि जापानी क़ानून के विरुद्ध न हो तो आप वाणिज्य दूत को अपना पत्र भेज सकते हैं।

10. **अभियुक्त के दर्ज बयान का पठन**
(क) जो भी आपने कहा उसे मैंने दर्ज कर लिया है। मैं अब इसे आपको पढ़कर सुनाऊँगा। यदि यह ठीक है तो आप यहाँ हस्ताक्षर कीजिए और हस्ताक्षर के नीचे अपने बाएँ हाथ की तर्जनी उँगली का निशान

人指し指で指印してください。
第2章　公判手続
1　開廷宣言
（裁）　開廷します。
2　通訳人の宣誓
（通）　良心に従って誠実に通訳をすることを誓います。
3　人定質問
（裁）　被告人は前に出てください。〈被告人は起立してください。〉

名前は何と言いますか。

生年月日はいつですか。

国籍（本籍）はどこですか。

日本国内に定まった住居はありますか。

職業は何ですか。
4　起訴状朗読
（裁）　それでは，これから被告人に対する○○被告事件についての審理を始めます。

起訴状は受け取っていますね。

まず，起訴状が朗読されますから，被告人は聞いていてください。

検察官，起訴状を朗読してください。
5　黙秘権の告知
（裁）　これから，今朗読された事実についての審理を行いますが，審理に先立ち被告人に注意しておきます。被告人には黙秘権があります。したがって，被告人は答

लगाइये।

II. मुक़द्दमे की कार्यवाही

1. **मुक़द्दमे की कार्यवाही शुरू होने की घोषणा**
(ज) मुक़द्दमे की कार्यवाही शुरू की जाती है।

2. **दुभाषिये द्वारा शपथ**
(दु) मैं शपथ लेता हूँ, कि मैं अपनी अंतरात्मा के अनुसार सच्चाई से भाषांतरण करूँगा।

3. **अभियुक्त की शिनाख्त के लिए प्रश्न**
(ज) अभियुक्त कृपया आगे आइए <अभियुक्त कृपया खड़े हो जाइए>
अपना नाम बताइए?
आपकी जन्म तिथि क्या है?
आपकी राष्ट्रीयता?
जापान में क्या आपका स्थाई पता है?
आपका व्यवसाय?

4. **अभियोग-पत्र का पठन**
(ज) अब अभियुक्त के प्रति दायर ------ आपराधिक मुक़द्दमे की कार्यवाही शुरू की जाती है।
आपको आरोप-पत्र की प्रति मिल गई है न?
पहले सरकारी अभियोजक इस आरोप-पत्र को पढ़ेंगे, आप कृपया ध्यान से सुनते रहें।
सरकारी अभियोजक, आप कृपया आरोप-पत्र का बयान करें।

5. **ख़ामोश रहने के अधिकार की व्याख्या**
(ज) सरकारी अभियोजक ने आपके ख़िलाफ़ जो आरोप-पत्र पढ़ा उसके आधार पर अदालत इस मुक़द्दमे की सुनवाई करेगी। इससे पहले की इस मुक़द्दमे की कार्यवाही शुरू हो, कृपया इन निर्देशों को ध्यान से

えたくない質問に対しては答えを拒むことができますし、また、始めから終わりまで黙っていることもできます。もちろん質問に対して答えたいときには答えてよいですが、被告人がこの法廷で述べたことは、被告人に有利、不利を問わず証拠として用いられることがありますから、そのことを念頭に置いて答えるようにしてください。

6 被告事件に対する陳述

（裁）　検察官が今読んだ事実について何か述べることはありますか。

（被）
- 事実はそのとおり間違いありません。
- 事実は身に覚えがありません。
- 酒を飲んでいたので、よく覚えていません。
- 物を取ったのは確かですが、人は殺していません。
- 被害者を刺したのは確かですが、殺すつもりはありませんでした。

7 弁護人の意見

（弁）
- 被告人の陳述のとおりです。
- 被告人には、窃盗の故意がないので、無罪を主張します。
- 被告人には、窃盗の実行の着手がありませんので、無罪を主張します。
- 被告人の行為は正当防衛に当たるので、無罪を主張します。

सुनें। आपको ख़ामोश रहने का अधिकार है। आप पूरी कार्यवाही के दौरान ख़ामोश रह सकते हैं या फिर ऐसे सवालों का जवाब देने से मना कर सकते हैं, जिनका जवाब आप नहीं देना चाहते। सवाल का जवाब देना है या नहीं, यह आपकी इच्छा पर निर्भर करता है। लेकिन आप इस अदालत में जो भी बयान देंगे, उसे आपके पक्ष में या आपके खिलाफ़ सबूत के तौर पर इस्तेमाल किया जा सकता है। इसलिए किसी भी सवाल का जवाब देने से पहले इन निर्देशों का ध्यान रखें।

6. **आरोप के प्रति अभियुक्त के द्वारा दिया गया बयान**
(ज) सरकारी अभियोजक ने अभी जिन तथ्यों को पढ़ा, क्या आप उनके बारे में कुछ कहना चाहते हैं?
(अ)
- ये सभी तथ्य सही हैं।
- मुझे इन तथ्यों से कुछ लेना-देना नहीं है।
- उस समय मैं शराब के नशे में था इसलिए वहाँ क्या हुआ, मुझे स्पष्ट रूप से याद नहीं।
- मैंने कुछ चीजें तो ज़रूर उठाई थीं, लेकिन मैंने किसी की हत्या नहीं की।
- मैंने पीड़ित को चाकू ज़रूर मारा था, लेकिन मेरा इरादा उसकी हत्या करना नहीं था।

7. **बचाव पक्ष के वकील का मत**
(ब प) मेरा वही जवाब है जैसा अभियुक्त ने बयान किया है।
- अभियुक्त की चोरी करने की मंशा नहीं थी। इस आधार पर वह दोषी नहीं है।
- अभियुक्त ने चोरी को अभी अंजाम देना शुरू नहीं किया था। इस आधार पर वह दोषी नहीं है।
- अभियुक्त की हरकत एक न्यायसंगत आत्मरक्षा है। इस आधार पर वह दोषी नहीं है।

8 **検察官の冒頭陳述**

(裁) それでは検察官,冒頭陳述を行ってください。
　　　検察官が証拠によって証明しようとする事実を述べますので,被告人は聞いていてください。

(検) 検察官が証拠により証明しようとする事実は次のとおりであります。被告人は・・・・。

9 **弁護人の冒頭陳述**

(公判前整理手続が実施された場合で,弁護側の主張があるときには必ず行われるが,同手続が実施されなかった場合に行われることは少ない。)

(裁) 続いて,弁護人の冒頭陳述をどうぞ。

(弁) それでは,弁護人の冒頭陳述を申し上げます。被告人は,本件犯行を行っておらず,無罪です。すなわち・・・・。

10 **公判前整理手続の結果顕出**

(公判前整理手続が実施された場合)

(裁) 次に,公判前整理手続の結果を明らかにする手続を行います。この公判に先立ち,裁判所,検察官,弁護人の3者によって行われた公判前整理手続の結果,本件における主たる争点は,次の2点であることが明らかになっています。まず第1点は・・・・。

11 **証拠調べ請求**

(検) 以上の事実を立証するため,証拠等関係カード(甲)(乙)記載の各証拠の取調べを請求します。

12 **証拠(書証・証拠物)請求に対する意見**

8. **सरकारी अभियोजक की शुरूआती दलील**
(ज) सरकारी अभियोजक अपनी शुरूआती दलील बयान करें।
अभियुक्त, कृपया इसे ध्यान से सुनते रहें। इसमें सरकारी अभियोजक महोदय उन तथ्यों के बारे में बताएंगे, जिन्हें वे सबूतों के आधार पर साबित करना चाहते हैं।
(स अ) जिन तथ्यों को हम सबूतों के आधार पर साबित करना चाहते हैं, वे इस प्रकार हैं:
अभियुक्त ने............................।

9. **बचाव पक्ष के वकील की शुरूआती दलील**
(यदि किसी मुकद्दमे में विचारण के पूर्व की विचार-सभा प्रक्रिया निष्पादित हुई हो और बचाव पक्ष का वकील कोई दावा पेश करना चाहे, तो शुरूआती दलील अवश्य सुनी जाएगी। हालाँकि विचारण के पूर्व की विचार-सभा प्रक्रिया निष्पादित न हुई हो, तो शुरूआती दलील पेश करने के मामले बहुत कम होते हैं।)
(ज) अब बचाव पक्ष के वकील कृपया अपनी शुरूआती दलील पेश करें।
(ब प) मैं बचाव पक्ष के वकील के नाते शुरूआती दलील पेश करता हूँ। अभियुक्त ने यह अपराध नहीं किया है, वह निर्दोष है। इसका तात्पर्य यह है कि......

10. **विचारण के पूर्व की विचार-सभा प्रक्रिया के नतीजे का प्रकटीकरण**
(विचारण के पूर्व की विचार-सभा प्रक्रिया निष्पादित हुई हो ऐसी स्थिति में)
(ज) इसके बाद, विचारण के पूर्व की विचार-सभा प्रक्रिया के नतीजे को प्रकाश में लाने की प्रक्रिया शुरू की जाए। इस सुनवाई के पहले अदालत, सरकारी अभियोजक तथा बचाव पक्ष के वकील के द्वारा निष्पादित विचारण के पूर्व की विचार-सभा प्रक्रिया के नतीजे स्वरुप, इस मुकद्दमे में विवाद के निम्न 2 मुद्दे उजागर हुए हैं। पहला मुद्दा है......

11. **सबूतों की जाँच की प्रार्थना**
(स अ) इन तथ्यों को साबित करने के लिए, मैं अदालत से निवेदन करता हूँ, कि वह सबूत इत्यादि कार्ड (क) (ख) में सूचीबद्ध सबूतों की जाँच करे।

12. **सबूतों (दस्तावेज़ी सबूत और प्रत्यक्ष सबूत) की जाँच की प्रार्थना के प्रति बचाव पक्ष की राय**

(裁) 弁護人,御意見はいかがですか。
(弁) ・ すべて同意します。
・ 甲3号証と甲4号証の目撃者Aの検察官と司法警察員に対する供述調書については不同意です。その余の各証拠は同意します。
・ 証拠物については異議ありません。
・ 乙3号証の被告人の司法警察員に対する供述調書は,取調べ警察官の脅迫により録取されたものであり,任意性を争います。
・ 乙5号証の被告人の司法警察員に対する供述調書は,供述録取に際し,共犯者をかばって供述したものであるので,その調書には信用性がありません。
・ 乙9号証の被告人の検察官に対する供述調書は,検討中のため意見を留保します。

13 書証の要旨の告知・証拠物の展示

(裁) それでは,同意のあった各証拠は採用し,取り調べることにします。検察官,書証の要旨を告知し,証拠物を示してください。
　　検察官が書証の要旨を告げますので,被告人は聞いていてください。
(検) ・ 甲1号証は,司法警察員作成の捜査報告書です。被告人の出入国状況を示したもので,「被告人は,平成○○年10月14日,Y国から,短期在留資格(90日)の条件で来日した。在留資格は,平

(ज) बचाव पक्ष के वकील, आपको इस विषय में क्या कहना है?
(ब प)· हुज़ूर अदालत को पेश किये गए सारे सबूत हमें मंज़ूर है।
- लेकिन हुज़ूर हमें प्रमाण क 3 और क 4 की पेशी मंज़ूर नहीं, जिसमें चश्मदीद गवाह 'क' द्वारा न्यायिक पुलिस अधिकारी और सरकारी अभियोजक को दिए गए बयान दर्ज हैं। इसके अलावा बाकी सबूतों के लिए हम सहमत हैं।
- हमें प्रत्यक्ष प्रमाण पर कोई आपत्ति नहीं है।
- हमें प्रमाण ख 3 की स्वेच्छापूर्वकता को लेकर आपत्ति है। इसमें अभियुक्त द्वारा न्यायिक पुलिस अधिकारी को दिया बयान दर्ज है। यह बयान पुलिस द्वारा दबाव डाले जाने पर दिया गया था।
- मुझे प्रमाण ख 5 की विश्वसनीयता पर आपत्ति है, क्योंकि अभियुक्त ने न्यायिक पुलिस अधिकारी को यह बयान सह-अपराधी को बचाने की कोशिश में दिया था।
- हम अभी प्रमाण ख 9 में अभियुक्त द्वारा सरकारी अभियोजक को दिए गए बयान की जाँच कर रहे हैं इसलिए अभी कोई जवाब नहीं देना चाहते।

13. **दस्तावेज़ी सबूतों के सारांश का बयान तथा प्रत्यक्ष सबूतों का प्रदर्शन**

(ज) वह सबूत जिनके बारे में बचाव पक्ष के वकील ने सहमति दी है उन्हें यहाँ दाखिल किया जाएगा और उनकी जाँच की जाएगी।
सरकारी अभियोजक, कृपया दस्तावेजों का सारांश बयान करें तथा प्रत्यक्ष सबूतों को दिखाएँ।
अभियुक्त, कृपया सरकारी अभियोजक की बातों को ध्यान से सुनते रहें, वे सरकारी दस्तावेज़ी सबूतों का सारांश बयान करने जा रहे हैं।

(स अ)·सबूत क 1, न्यायिक पुलिस अधिकारी द्वारा दर्ज की गई जाँच रिपोर्ट है।
यह रिपोर्ट अभियुक्त के इमीग्रेशन रिकार्ड से संबंधित है। इसका सारांश यह है: "अभियुक्त ने 'य' देश से 14 अक्तूबर ---- को जापान में प्रवेश किया। उसके पास जापान में रहने का 90 दिन का अधिकार था। वह

成○○年1月12日までとなっているが，在留期間の更新は受けていない。」という内容です。
- 甲2号証は，被告人の婚約者甲野花子の司法警察員に対する供述調書です。内容は被告人の生活状況です。
- 乙1号証は，被告人の司法警察員に対する供述調書です。

  被告人の身上，経歴等を述べたものです。
- 乙2号証，乙3号証は，被告人の司法警察員に対する供述調書であり，乙4号証は，被告人の検察官に対する供述調書です。

  乙2号証から乙4号証は，いずれも被告人が本件の犯行状況について述べたものですので，乙4号証でまとめて要旨を告げます。

  「私は，日本で働いてお金を稼ぐために，平成○○年10月14日，Y国から，日本に来ました。日本では，最初に鈴木建設という会社で働き，次に田中土建という会社で働きました。在留期間が平成○○年1月12日までということは分かっていましたが，お金を稼ぎたいのでそのまま日本にいました。」
- 乙5号証は，被告人の身上関係についての捜査報告書です。

14 証人申請

（裁）検察官，不同意とされた証拠についてはどうされま

12 जनवरी ---- तक जापान में रह सकता था। लेकिन उसके पश्चात उसने वीज़े का नवीनीकरण नहीं करवाया है।"

- सबूत क 2 अभियुक्त की मंगेतर हानाको कोनो द्वारा न्यायिक पुलिस अधिकारियों को अभियुक्त की जीवन शैली और जीवन स्तर से संबंधित दिया गया बयान है।
- सबूत ख 1 अभियुक्त द्वारा न्यायिक पुलिस अधिकारियों को दिया गया बयान है। इस बयान में अभियुक्त ने अपनी व्यक्तिगत पृष्ठभूमि और पेशे (कैरियर) इत्यादि के बारे में बताया है।
- सबूत ख 2 और ख 3 भी अभियुक्त द्वारा न्यायिक पुलिस अधिकारियों को दिए गए बयान हैं; सबूत ख 4 में अभियुक्त का सरकारी अभियोजक को दिया गया बयान है।

सबूत ख 2, ख 3 और ख 4 में अभियुक्त द्वारा दिए इस अपराध संबंधी बयान दर्ज हैं। इन दर्ज बयानों का सारांश, मैं सबूत ख 4 के हवाले से देता हूँ, जो इस प्रकार है:

"मैं 14 अक्तूबर ---- को 'य' देश से जापान में रोज़गार के सिलसिले में कुछ धन कमाने के उद्देश्य से आया था। सबसे पहले मैंने सुज़ुकी कंस्ट्रक्शन कंपनी में काम किया, इसके बाद तानाका कंस्ट्रक्शन कंपनी में काम किया। मुझे मालूम था कि मैं जापान में 12 जनवरी ---- तक ही रह सकता हूँ। मगर मैंने फ़ैसला किया कि मुझे अभी और धन कमाना है, इसलिए मैं जापान में रुका रहा।"

- सबूत ख 5 में अभियुक्त की व्यक्तिगत पृष्ठभूमि से संबंधित जाँच रिपोर्ट है।

14. **गवाह की पेशी के लिए प्रार्थना**

(ज) सरकारी अभियोजक, आप उन सबूतों के बारे में क्या कहना चाहते हैं,

すか。

(検) 撤回して,証人Aを申請します。

15 証人申請に対する意見及び証人の採用

(裁) 弁護人,御意見は。

(弁) しかるべく。

(裁) それでは,Aを証人として採用します。

16 証人の尋問手続

(1) 証人の宣誓

(裁) ただいまから,あなたをこの事件の証人として尋問しますから,まずうそをつかないという宣誓をしてください。その宣誓書を朗読してください。

(証) 宣誓 良心に従って真実を述べ,何事も隠さず,偽りを述べないことを誓います。証人A。

(裁) 証人は,今宣誓したように本当のことを証言してください。もし宣誓した上で虚偽の証言をすると,偽証罪で処罰されることがあります。

証人が証言することによって証人自身又は証人の近親者が刑事訴追を受けたり,有罪の判決を受けるおそれのある事柄については,証言を拒むことができますから,その場合には申し出てください。

(2) 異議申立て及びその裁定

(検) 弁護人のただいまの発問は,誘導尋問ですから,異議を申し立てます。

(弁) 反対尋問においては,誘導尋問も許されるので,検察官の異議の申立ては,理由がないと思料いたし

जिनके बारे में बचाव पक्ष के वकील ने असहमति जताई है?
(स अ) हुज़ूर, मैं उन सबूतों को वापस लेता हूँ, और अब आपसे प्रार्थना करता हूँ कि 'क' को बतौर गवाह पेश करने की आज्ञा दी जाए।

15. गवाह की पेशी संबंधी प्रार्थना पर राय और गवाह के लिए अनुमति
(ज) बचाव पक्ष के वकील आपको इस विषय में कुछ कहना है?
(ब प) हुज़ूर, जैसा आप ठीक समझें।
(ज) अदालत 'क' को बतौर गवाह पेश करने की मंज़ूरी देती है।

16. गवाह से पूछताछ की प्रक्रिया
(1) गवाह द्वारा शपथ
(ज) इस मुकद्दमे में गवाह की हैसियत से आपसे पूछताछ की जाएगी। पहले यह शपथ लें कि आप सत्य के सिवा कुछ नहीं कहेंगे। कृपया इस शपथ को ऊँचे स्वर में पढ़िए।
(ग) मैं शपथ लेता हूँ कि मैं अपनी अंतरात्मा के अनुसार सत्य के सिवा कुछ नहीं कहूँगा। कुछ भी नहीं छिपाऊँगा और झूठ का सहारा नहीं लूँगा। गवाह 'क'।
(ज) एक गवाह की हैसियत से, जैसा कि अपने सच बोलने की शपथ ली है, आप सच्ची गवाही दीजिएगा। शपथ के बावजूद भी यदि आप गलत बयान देंगे तो झूठी गवाही देने के जुर्म में अदालत आपको दण्डित कर सकती है।

और हाँ, यदि आपको लगे कि किसी प्रश्न का जवाब देने से आपके या आपके रिश्तेदारों के प्रति कोई आपराधिक मुकद्दमा दायर हो सकता है या दोषी ठहराया जा सकता है तो आप गवाही देने से मना कर सकते हैं। यदि कोई ऐसी स्थिति पैदा हो तो आप अदालत को निःसंकोच बता सकते हैं।

(2) आपत्तियाँ और उनके बारे में अदालत के फ़ैसले
(स अ) बचाव पक्ष के वकील का सूचक प्रश्न है। अतः मैं आपत्ति प्रकट करता हूँ।
(ब प) हुज़ूर, ज़िरह के दौरान सूचक प्रश्न करने (का प्रावधान है) की इजाज़त

ます。

(裁) 異議を棄却します。
(3) 証人尋問の終了
(裁) 証人尋問を終わります。証人は,お疲れさまでした。

17 その他の手続

(1) 弁論の併合決定
(裁) 本件に被告人に対する平成○○年(わ)第○○号強盗被告事件を併合して審理します。
(2) 訴因及び罰条等の変更
(検) 起訴状記載の訴因を「被告人は・・・・したものである。」と,罪名及び罰条を「窃盗 刑法235条」とそれぞれ変更の請求をします。
(弁) 検察官の請求に異議ありません。
(裁) 訴因及び罰条等の変更を許可します。
(3) 被害者特定事項の秘匿決定後,被害者の呼称の定めがされた場合
(裁) 今後の審理においては,平成○○年6月20日付け起訴状記載の公訴事実第1の被害者のことを「被害者A」と,同年7月10日付け追起訴状記載の被害者のことを「被害者B」と呼ぶこととします。
(4) 被害者参加許可決定
(検) 本日,被害者Aさんから被害者参加の申出がありました。検察官としては,相当であると考えます。
(裁) 弁護人の御意見はいかがですか。

है। मुझे लगता है कि सरकारी अभियोजक का एतराज़ निराधार है।
(ज) एतराज़ ख़ारिज
(3) गवाह से की गई पूछताछ का समापन
(ज) गवाह की हैसियत से आपसे की गई पूछताछ अब ख़त्म होती है। बहुत बहुत धन्यवाद।

17. अन्य कार्यवाहियाँ

(1) मुक़द्दमे की कार्यवाही में अंतिम दलीलों के संयोजन का निर्णय
(ज) अदालत के फ़ैसले के अनुसार, अभियुक्त के मौजूदा मुक़दमे और ---- (WA) No. ------ के डकैती के मुक़दमे का संयुक्त विचारण होगा।

(2) अभियोग पत्र के विषय तथा धाराओं इत्यादि में परिवर्तन
(स अ) हुज़ूर, मैं अदालत से निवेदन करता हूँ, कि अभियोग-पत्र के विषय को "अभियुक्त ने ----------किया", में परिवर्तित करने की तथा अपराध के नाम व धारा को "चोरी दण्ड संहिता धारा 235" में परिवर्तित करने की आज्ञा दी जाए।
(ब प) सरकारी अभियोजक के निवेदन पर मुझे कोई एतराज़ नहीं है।
(ज) अदालत अभियोग-पत्र के विषय तथा धाराओं इत्यादि में परिवर्तन करने की आज्ञा देती है।

(3) पीड़ित की पहचान-संबंधी जानकारी को गुप्त रखने के निर्णय के बाद, पीड़ित को किस नाम से संबोधित करना है यह निश्चित हो जाने की स्थिति में
(ज) इसके बाद की कार्यवाहियों में, 20 जून ---- के अभियोग-पत्र में उल्लेखित अभियोजन तथ्य 1 के पीड़ित को "पीड़ित 'क'", तथा उसी वर्ष 10 जुलाई के अतिरिक्त अभियोग-पत्र में उल्लेखित पीड़ित को "पीड़ित 'ख'" के नाम से संबोधित करने का निर्णय लिया जाता है।

(4) पीड़ित के भाग लेने की अनुमति का निर्णय
(स अ) आज, पीड़ित 'क' द्वारा स्वयं के भाग लेने के लिए आवेदन आया था। सरकारी अभियोजक के नाते, मेरे विचार से यह आवेदन उचित है।
(ज) बचाव पक्ष के वकील की इस बारे में क्या राय है?

(弁) しかるべく。

(裁) 申出人の本件被告事件の手続への参加を許可します。

(5) 被害者等の被害に関する心情その他の被告事件に関する意見陳述

（被害者等からの申出がある場合）

(裁) 被害者の方からの心情その他の意見陳述を行います。では，被害者の方は証言台に進んで，その意見を陳述してください。

(害) ・ 私は，被告人に殴られて，半年も入院しました。その間，身体の自由が利かず，仕事もできず，とてもつらい思いをしました。

・ 被告人のことは，絶対に許せません。

(6) 即決裁判手続

ア 被告事件に対する有罪の陳述

（起訴状朗読及び黙秘権の告知後）

(裁) 検察官が今読んだ事実について何か述べることはありますか。

(被) 間違いありません。

(裁) 事実は間違いないということですが，この事実について，有罪であるとして処罰されても構わないということですか。

(被) はい。

イ 弁護人の意見

(裁) 弁護人の御意見は。

(ब प) जी, मुझे कोई आपत्ति नहीं है।
(ज) आवेदनकर्ता को इस मुकद्दमे की प्रक्रिया में भाग लेने के लिए अनुमति प्रदान की जाती है।
(5) पीड़ित व अन्य व्यक्तियों द्वारा स्वयं को हुई हानि से संबंधित तथा मुकद्दमे से संबंधित भावनाओं इत्यादि मतों को प्रकट करना
(पीड़ित व अन्य व्यक्तियों द्वारा आवेदन हुआ हो, ऐसी स्थिति में)
(ज) पीड़ित व्यक्ति की भावनाओं इत्यादि मतों को सुना जाएगा। अब, पीड़ित व्यक्ति साक्षी कठघरे में आकर, उन मतों को प्रकट करें।
(पी) · मैं अभियुक्त द्वारा पीटे जाने पर पूरे 6 महीने अस्पताल में भर्ती रहा। उस दौरान, शारीरिक स्वतन्त्रता में बाधा उठाने तथा काम भी न कर सकने के कारण बहुत कष्ट उठाया।
· मैं अभियुक्त को कतई माफ नहीं कर सकता।
(6) शीघ्र विचारण प्रक्रिया
A. मुकद्दमे के सन्दर्भ में दोषी का कथन
(अभियोग-पत्र के पठन तथा खामोश रहने के अधिकार की व्याख्या के बाद)
(ज) सरकारी अभियोजक ने अभी जिन तथ्यों को पढ़ा, उनके बारे में आपको कुछ कहना है?
(अ) इन तथ्यों में कुछ भी गलत नहीं है।
(ज) इन तथ्यों में कुछ भी गलत नहीं है, क्या इससे आपका अर्थ यह है कि इन तथ्यों के आधार पर दोषी पाए जाने की स्थिति में दण्डित होने पर भी आपको कोई आपत्ति नहीं होगी?
(अ) जी हाँ।
B. बचाव पक्ष के वकील का मत
(ज) बचाव पक्ष के वकील का क्या मत है?

　　　　（弁）　被告人の陳述と同様です。
　　ウ　即決裁判手続によって審判する旨の決定
　　　　（裁）　本件については，検察官から即決裁判手続の申立てがされています。被告人，弁護人は即決裁判手続によることについて同意しており，被告人は有罪である旨の陳述をしていますので，本件を即決裁判手続によって審判することとします。
　　エ　証拠調べ請求等
　　　　（裁）　では，証拠調べに入ります。検察官，証拠調べ請求をお願いします。
　　　　（検）　本件公訴事実を立証するため，証拠等関係カード(甲)(乙)記載の各証拠の取調べを請求します。
　　　　（裁）　弁護人，いかがですか。
　　　　（弁）　いずれも，証拠とすることに異議はありません。

18　論告
　　（裁）　検察官，御意見を伺います。
　　　　　　検察官がこの事件に対する意見を述べますので，被告人は聞いていてください。
　　（検）　それでは論告いたします。
　　　　・　まず，事実についてですが，本件公訴事実は，当公判廷で取り調べられた関係各証拠によって証明十分と思料します。
　　　　・　情状について申し上げます。本件は，被告人が，金を稼ぐ目的で，当初から不法に残留することを予定して入国し，2年余りにわたって不法に残留

(ब प) मेरा मत ठीक अभियुक्त के कथन के समान है।
C. शीघ्र विचारण प्रक्रिया के माध्यम से सुनवाई करने का निर्णय
(ज) इस मुकद्दमे के लिए सरकारी अभियोजक ने शीघ्र विचारण प्रक्रिया का आवेदन किया है। अभियुक्त व बचाव पक्ष के वकील शीघ्र विचारण प्रक्रिया के माध्यम से सुनवाई के लिए सहमत हैं, तथा अभियुक्त स्वयं के दोषी होने का कथन दे रहा है, इसलिए इस मुकद्दमे की सुनवाई शीघ्र विचारण प्रक्रिया के माध्यम से करने का निर्णय लिया जाता है।
D. सबूतों की जाँच-पड़ताल इत्यादि के लिए आवेदन
(ज) अब, सबूतों की जाँच-पड़ताल शुरू की जाती है। सरकारी अभियोजक, कृपया सबूतों की जाँच-पड़ताल के लिए आवेदन करें।
(स अ) इस मुकद्दमे में अभियोजन तथ्य को साबित करने के लिए, प्रमाण (सबूत) इत्यादि के कार्ड (क) तथा (ख) में उल्लेखित हर एक सबूत की जाँच-पड़ताल के लिए आवेदन करता हूँ।
(ज) बचाव पक्ष के वकील, क्या आपको कोई आपत्ति है?
(ब प) उन सभी को सबूत मानने में मुझे कोई आपत्ति नहीं है।

18. सरकारी अभियोजक की अंतिम दलीलें
(ज) सरकारी अभियोजक कृपया अपने पक्ष की अंतिम दलीलें पेश करें। अभियुक्त, सरकारी अभियोजक अपने पक्ष की अंतिम दलीलें पेश करेंगे। कृपया उन्हें ध्यानपूर्वक सुनें।
(स अ) मैं मुकद्दमे से संबंधित अपनी आखिरी दलील बयान करता हूँ।
- सबसे पहले बताना चाहूँगा, कि इस मुकद्दमे से संबंधित सभी आपराधिक तथ्य, उन सबूतों के आधार पर पर्याप्त रूप में साबित हो चुके हैं, जिनकी जाँच अदालत में की गई है।
- इस मुकद्दमे से संबंधित परिस्थितियों के बारे में कहा जा सकता है कि अभियुक्त जापान में धन कमाने के उद्देश्य से आया था। उसकी शुरू से ही योजना थी कि वह जापान में अवैध रूप से रिहाइश करेगा और वह यहाँ गैर-क़ानूनी ढंग से 2 वर्ष से भी अधिक समय तक रहा। जापान

した事案であり，その残留期間の長さなどを考えると，被告人の刑事責任は重大であります。
- 求刑ですが，以上諸般の事情を考慮し，相当法条適用の上，被告人を，懲役1年6月に処するのを相当と思料します。

19 被害者参加人の弁論としての意見陳述

（事前に被害者参加人からの申出がされ，これが許可されている場合）

（裁）では，弁論としての意見陳述をお願いします。

（参）この事件の被害者参加人として，私の意見を述べます。
- 被告人は，何の関係もない私に対し，いきなり言い掛かりをつけ，その後，急に殴りかかってきました。
- このため，私は1か月もの入院を余儀なくされるほどの重傷を負いました。入院中は身体の自由が利かず，本当につらい思いをしました。
- 被告人は，私にも落ち度があるなどといって謝罪すら行わず，また，慰謝料はおろか，入院費用さえも支払っていません。
- このような被告人のことは，どうしても許せません。私は，被告人を懲役4年の刑にしてほしいと思います。

20 弁護人の弁論

（裁）弁護人の御意見を伺います。

में अभियुक्त की गैर-क़ानूनी प्रवास की अवधि बेहद लम्बी है जिसको देखते हुए कहा जा सकता है कि अभियुक्त का आपराधिक उत्तरदायित्व काफ़ी संगीन है।

- लिहाज़ा इन समस्त परिस्थितियों पर गौर करते हुए और संबंधित क़ानून को लागू करते हुए मेरे विचार में अभियुक्त 1 साल 6 महीने सश्रम कैद की सज़ा के योग्य है।

19. **भाग लेने वाले पीड़ित व्यक्ति द्वारा दलील के तौर पर अपना मत प्रकट करना**

(भाग लेने वाले पीड़ित व्यक्ति द्वारा पहले से इसके लिए आवेदन हो तथा उसपर अनुमति मिली हुई हो, ऐसी स्थिति में)

(ज) अब, भाग लेने वाले पीड़ित व्यक्ति दलील के तौर पर अपना मत प्रकट करें।

(भा) इस मुकद्मे में भाग लेने वाले पीड़ित व्यक्ति के तौर पर, मैं अपना मत प्रकट करता हूँ।

- अभियुक्त ने, जिसका मुझसे कोई लेना-देना नहीं है, अचानक मुझपर इलज़ाम लगाया, और उसके बाद एकाएक मुझे मारना शुरु कर दिया।
- इसके कारण मुझे इस कदर गंभीर चोटें आईं कि मुझे पूरे एक महीने तक अस्पताल में भर्ती रहना पड़ा। उस दौरान, शारीरिक स्वतन्त्रता में बाधा उठाने के कारण मैंने सचमुच बहुत कष्ट उठाया।
- अभियुक्त ने दावा किया कि इसमें मेरा भी दोष है और खेद तक प्रकट नहीं किया। इसके अलावा, मुआवज़ा राशि तो दूर, उसने मेरे अस्पताल में भर्ती होने के दौरान लगे खर्च तक अदा नहीं किये।
- ऐसे अभियुक्त को मैं किसी भी तरह माफ़ नहीं कर सकता। मैं चाहता हूँ कि अभियुक्त को 4 साल की सश्रम कारावास का दण्ड दिया जाए।

20. **बचाव पक्ष के वकील की अंतिम दलील**

(ज) बचाव पक्ष के वकील कृपया अपने मुवक्किल के पक्ष में अपनी अंतिम दलील पेश करें।

(弁) では，被告人のため，弁論いたします。
(1) 出入国管理及び難民認定法違反（自白事件）の例
- 本件公訴事実に関しては，被告人は当公判廷においてもこれを素直に認めており，弁護人としてもこれに対し特段異議をとどめるべき点はございません。
- 被告人も当公判廷で供述したとおり，本件は弁解の余地のない違法行為であり，被告人自身，長期にわたる不法残留については十分反省し，国外に退去した後は2度と日本には来ないと供述しており，今後2度とこのような違法行為を繰り返さないことを誓っているものです。
- 被告人の残留目的は，就労であり，それ以外の不法な目的を有していたものではありません。
- 現に，来日してから逮捕されるまでの間は，まじめに稼働しており，本件以外の犯罪を犯したこともなく，前科前歴はありません。
- 被告人は今回，逮捕，勾留，起訴という厳しい処分を受け，既に相当の期間の身柄拘束処分を受けており，十分な社会的，経済的制裁を受けています。
- 以上の事情を併せ考慮されて，被告人に是非とも自力更生，再起の機会を与えていただきたく，執行猶予の寛大な判決を下されるよう，切にお願いする次第です。

(2) 窃盗（否認事件）の例
- 被告人は，指輪を買うつもりだったのであり，窃盗

(ब प)मैं अभियुक्त के पक्ष में अपनी अंतिम दलील पेश करता हूँ।
(1) इमीग्रेशन कन्ट्रोल तथा शरणार्थी क़ानून के उल्लंघन का एक उदाहरण
(संस्वीकृति का मामला, अर्थात् ऐसा मामला जिसमें अभियुक्त ने अपराध स्वीकार किया है)

- जैसा कि अभियुक्त ने खुद अदालत के सामने अपने ऊपर लगे आरोपों को नम्रता से स्वीकार कर लिया है, बचाव पक्ष का वकील होने के नाते मेरे पास और कोई ऐसा कारण नहीं है जिससे मैं इसे निर्मूल बता सकूँ।
- जैसा कि अभियुक्त ने मुकद्दमे की कार्यवाही के दौरान अपने अपराध को स्वीकार किया है, यह स्पष्ट है कि यह एक ऐसी आपराधिक हरकत है जिसकी कोई सफ़ाई पेश नहीं की जा सकती। अभियुक्त स्वयं इस बात के लिए पछतावा कर रहा है कि उसने लम्बे समय तक गैर-क़ानूनी ढंग से प्रवास किया। अभियुक्त ने यह वचन दिया है, कि यदि उसे वापस अपने देश भेज दिया जाता है, तो भविष्य में वह कभी भी दुबारा जापान नहीं आएगा, और कभी भी जापान के क़ानून का उल्लंघन नहीं करेगा।
- अभियुक्त का जापान में गैर-क़ानूनी ढंग से रहने का उद्देश्य रोज़गार ढूँढना था। इसके अतिरिक्त उसका और कोई भी गैर-क़ानूनी उद्देश्य नहीं था।
- वास्तव में भी, जापान में आने के बाद गिरफ्तार होने तक, अभियुक्त ने अपना काम ईमानदारी से किया है। अभियुक्त ने इस केस के अतिरिक्त न कोई अपराध किया, और न ही उसका कोई पिछला आपराधिक या गिरफ़्तारी का रिकार्ड है।
- इस केस में अभियुक्त सख़्त कार्यवाहियाँ, जैसे कि गिरफ़्तारी, हिरासत और मुक़द्दमा इत्यादि को भुगत रहा है। वह काफ़ी समय से, पहले ही हिरासत में रह चुका है, और इसलिए उसे सामजिक एवं आर्थिक रूप से काफ़ी दण्ड मिल चुका है।
- इन परिस्थितियों के रहते, मैं अदालत से सच्चे दिल से प्रार्थना करता हूँ कि वह उदारतापूर्वक अभियुक्त की सज़ा-निष्पादन को स्थगित करके, उसे समाज के भीतर अपने को पुनर्वास करने का एक अवसर दे, ताकि वह अपने जीवन की नये सिरे से शुरुआत कर सके।

(2) चोरी के एक केस का उदाहरण (जहाँ अभियुक्त अपने अपराध को न स्वीकारता हो)

- अभियुक्त का अंगूठी खरीदने का इरादा था, न कि इसे चुराने का।

の故意はなく，無罪です。このことは証拠によって認められる次の事実から明らかであります。

（中略）

・ 以上のことから，被告人には窃盗の故意がなく，無罪であります。

21 被告人の最終陳述

（裁） これで審理を終わりますが，最後に何か言っておきたいことはありますか。

（被） ・ 申し訳ないことをしたと思います。

・ 私は盗むつもりはありませんでした。早く自分の国へ帰らせてください。

22 公判期日の告知

(1) 次回公判期日の告知

（裁） 次回公判期日は，平成〇〇年１１月８日午前１０時３０分と指定します。

(2) 判決言渡期日の告知

（裁） それでは，判決は平成〇〇年１２月６日午後１時にこの法廷で言い渡します。

23 判決宣告

（裁） 被告人に対する〇〇被告事件の判決を言い渡します。

（判決主文の例については，第３章及び第４章参照）

理由・ 当裁判所が証拠により認定した罪となるべき事実（犯罪事実）の要旨は次のとおりである。

・ そこで，所定の法条（法律）を適用して，

इसलिए वह चोरी का दोषी नहीं है। यह बात सबूतों के आधार पर निम्नलिखित तथ्यों से स्पष्ट है।
(........)
- इन तथ्यों से यह स्पष्ट है कि अभियुक्त का चोरी करने का इरादा नहीं था, इसलिए वह दोषी नहीं है।

21. **अभियुक्त का अंतिम बयान**
(ज) मुकद्दमे की कार्यवाही को समाप्त किया जा रहा है, आखिर में क्या आप इस केस के बारे में कुछ कहना चाहते हैं?
(अ) - मैंने जो भी कुछ किया है उसका मुझे दुःख है।
- मेरा कुछ भी चुराने का इरादा नहीं था। कृपया मुझे जल्द से जल्द अपने देश लौटने की अनुमति दी जाए।

22. **मुकद्दमे की तारीख की सूचना**
(1) मुकद्दमे की अगली तारीख की सूचना
(ज) अदालत 8 नवम्बर, ----, प्रातः 10:30 को मुकद्दमे की अगली तारीख निर्धारित करती है।
(2) फ़ैसले की सुनवाई की तिथि की सूचना
(ज) दिनांक 6 दिसंबर, ---- को दिन के 1:00 बजे, इसी अदालती कमरे में फ़ैसला सुनाया जाएगा।

23. **फ़ैसले की घोषणा**
(ज) अब अभियुक्त के विरुद्ध दायर ------ के आपराधिक मुकद्दमे पर फ़ैसला दिया जा रहा है
(फ़ैसले के मुख्य अंशों के उदाहरण हेतु कृपया अनुच्छेद III और IV देखें)
फ़ैसले का आधार:
- इस कोर्ट द्वारा प्रमाण के आधार पर पाए गए आपराधिक तथ्यों का सार निम्नलिखित है:........
- इसलिए अदालत संबंधी धाराओं (क़ानूनों) को लागू करते हुए मुख्य

主文のとおり判決する。

・ 刑を定めるに当たって考慮した事情は以下のとおりである。

（判決理由の例については，第5章及び第6章参照）

24 執行猶予の説明

(1) 身柄拘束中の被告人の執行猶予

（裁）　刑事裁判の手続としては，釈放されます。今後○年間のうちに日本で罪を犯さなければ，刑務所に入らなくてもよくなります。しかし，この○年間のうちに日本で罪を犯してまた刑に処せられることがあると，この執行猶予は取り消されます。そうなると，今回の懲役○年の刑を実際に受けなければならなくなります。もちろん，その場合には新たに犯した罪の刑も受けます。そういうことのないように，十分注意してください。

(2) 既に不法残留になっている被告人の執行猶予

（裁）　なお，被告人の場合は既に在留期間が経過していますから，この判決の後間もなく，入国管理局において被告人を本国に送還する手続がなされると思います。したがって，結局，送還後○年間日本に来て犯罪を犯さなければ，今回の刑を受けることはないということになります。

25 未決勾留日数の説明

（裁）　被告人はこれまで相当期間勾留されていますから，

अंश के अनुरूप यह फ़ैसला सुनाती है।
- सज़ा निर्धारित करते हुए ध्यान में रखे गए कारक निम्नलिखित हैं:
(फ़ैसले के आधारों के उदाहरण के लिए कृपया अनुच्छेद V और VI देखें)

24. सज़ा निष्पादन (लागू करने) के निलंबन की व्याख्या
(1) हिरासत में बंद अभियुक्त की सज़ा निष्पादन का निलंबन
(ज) आपराधिक मुक़द्दमे की प्रक्रिया के अनुसार आपको छोड़ दिया जाएगा। जब तक आप अगले ---- सालों के लिए जापान में क़ानूनों का उल्लंघन नहीं करते, तब तक आपको जेल में नहीं भेजा जाएगा। लेकिन अगर आप इस अवधि के दौरान जापान में कोई अपराध करते हैं और जिसके लिए आपको सज़ा होती है, तो सज़ा निष्पादन के निलंबन का फ़ैसला रद्द हो जाएगा और आप इस फ़ैसले के अनुसार सश्रम ----- साल की क़ैद के भोगी होंगे। यह सज़ा, संभावित नए अपराध हेतु आपको दी गई सज़ा के अतिरिक्त होगी। आप पर्याप्त सावधानी बरतें, ताकि ऐसी स्थिति पैदा न हो।
(2) जापान में पहले से ही ग़ैर-क़ानूनी तौर से रह रहे अभियुक्त की सज़ा का निलंबन
(ज) आपके प्रवास की क़ानूनी अवधि पहले ही समास हो चुकी है। इसलिए ऐसा समझा जाता है कि इस फ़ैसले के फ़ौरन बाद आपको आप्रवास-कार्यालय (इमीग्रेशन) की निर्वासन (देश निकाला) कार्यवाहियों से गुज़रना पड़ेगा। लिहाज़ा, अगर आप निर्वासन के बाद जापान में ----- सालों के लिए जब तक कोई अपराध नहीं करते, तब तक आपको वर्तमान अपराध हेतु वास्तव में क़ैद नहीं किया जाएगा।

25. मुक़द्दमे के दौरान हिरासत में बिताए दिनों के संबंध में व्याख्या
(ज) आप काफ़ी समय हिरासत में रह चुके हैं। इसलिए इनमें से ----- दिनों

そのうちの○日間は既に刑の執行を受け終わったものとします。したがって，言い渡した○年○か月の刑から実際には○日間が差し引かれることになります。

26 保護観察の説明

（裁）　保護観察というのは，国の機関である保護観察所の保護観察官の指導監督によって，被告人が再び間違いを起こすことのないように手助けする制度です。普通は毎月1回以上保護観察所に所属する保護観察官のもとにいる保護司という人と会って，被告人の日ごろの生活について指導を受けることになります。

この判決の確定後，速やかに，保護観察所に出頭して保護観察所の説明を受けてください。保護観察所では，守らなければならない事項について指示されますが，もし，この遵守事項を守らない場合には，この刑の執行猶予を取り消されることがあります。また，再び犯罪を犯して禁錮以上の刑に処せられた場合には法律上執行猶予を付けることができないので，そのようなことのないよう十分注意してください。

27 上訴権の告知

（裁）　この判決に不服がある場合には，控訴〈上告〉の申立てをすることができます。その場合には，明日から14日以内に○○高等裁判所〈最高裁判所〉あての控訴〈上告〉申立書をこの裁判所に差し出してください。

第3章　第一審における判決主文の例

1　有罪の場合

को सज़ा की उस अवधि के रूप में माना जाएगा, जो कि पहले से ही काटी जा चुकी है। इसलिए सज़ा में दिए गए ----- साल ----- महीने की कैद की अवधि में से ----- दिनों को कम कर दिया जाएगा।

26. **परिवीक्षा (प्रोबेशन) की व्याख्या**

(ज) परिवीक्षा का अर्थ है, सरकारी परिवीक्षा कार्यालय के परिवीक्षा अधिकारियों के निर्देशन से अभियुक्त की सहायता करना ताकि वह दुबारा गलती न करे। सामान्य तौर पर अभियुक्त को एक महीने में कुछ बार रोज़मर्रा की ज़िंदगी से संबंधित निर्देशों को प्राप्त करने के लिए सरकारी परिवीक्षा अधिकारी के नीचे काम करने वाले एक स्वयंसेवी परिवीक्षा अधिकारी को रिपोर्ट करने की ज़रूरत होगी।

जैसे ही यह फ़ैसला निश्चित हो जाता है, आप सरकारी परिवीक्षा कार्यालय से उन निर्देशों को प्राप्त करने के लिए रिपोर्ट करें जिसका आपको पालन करना है। अगर आप सरकारी परिवीक्षा के कार्यालय से जारी निर्देशों का पालन करने में असफल होते हैं, तो सज़ा निष्पादन के निलंबन के इस फ़ैसले को वापस लिया जा सकता है।

इसके अतिरिक्त, अगर आप कोई अपराध करते हैं और श्रमरहित कैद या उससे अधिक कठोर सज़ा पाते हैं तो कानूनी तौर से दुबारा सज़ा निष्पादन के निलंबन की अनुमति प्रदान करना संभव नहीं होगा। इसलिए सावधान रहें ताकि ऐसी स्थिति पैदा न हो।

27. **अपील के अधिकार की व्याख्या**

(ज) अगर आप इस फ़ैसले से असंतुष्ट हैं, तो आपको उच्च-न्यायालय (कोसो), सर्वोच्च-न्यायालय (जोकोकु) में अपील दायर करने का अधिकार है। अगर आप अपील करना चाहते हैं तो आपको सलाह दी जाती है कि आप अपील के लिए अपना प्रार्थना-पत्र ----- उच्च-न्यायालय (सर्वोच्च-न्यायालय) को लिखें और इसे कल से प्रारंभ होते 14 दिनों के भीतर इस अदालत में जमा करें।

III. **निचली अदालत द्वारा दिए गए फ़ैसलों के मुख्य अंश के उदाहरण**

1. **दोषी करार दिए जाने की स्थिति में**

(1) 主刑

　ア　基本型

　　　・　被告人を懲役〈禁錮〉1年に処する。

　　　・　被告人を罰金20万円に処する。

　　　・　被告人を拘留10日に処する。

　イ　少年に不定期刑を言い渡す場合

　　　被告人を懲役1年以上2年以下に処する。

　ウ　併科の場合

　　　被告人を懲役1年及び罰金20万円に処する。

　エ　主文が2つになる場合

　　　被告人を判示第1の罪について懲役1年に，判示第2の罪について懲役2年に処する。

(2) 未決勾留日数の算入

　ア　基本型

　　　未決勾留日数中30日をその刑に算入する。

　イ　本刑が数個ある場合

　　　未決勾留日数中30日を判示第1の罪の刑に算入する。

　ウ　本刑が罰金・科料の場合

　　　未決勾留日数中30日を，その1日を金5000円に換算して，その刑に算入する。

　エ　刑期・金額の全部に算入する場合

　　　・　未決勾留日数中，その刑期に満つるまでの分をその刑に算入する。

　　　・　未決勾留日数中，その1日を金5000円に換算してその罰金額に満つるまでの分を，その刑に算入

(1) मुख्य सज़ा
A. बुनियादी किस्म
   - अभियुक्त को सश्रम (या श्रम रहित) एक साल की कैद की सज़ा दी जाती है।
   - अभियुक्त को 2 लाख येन के जुर्माने का दण्ड दिया जाता है।
   - अभियुक्त को 10 दिनों की न्यायिक हिरासत की सज़ा दी जाती है।
B. किशोर (नाबालिग) अभियुक्त को अनिर्धारित सज़ा सुनाने का केस
   अभियुक्त को सश्रम कम-से-कम एक साल की एवं अधिकतम दो साल की कैद की सज़ा दी जाती है।
C. कैद और जुर्माने की समानांतर सज़ाएँ
   अभियुक्त को सश्रम एक साल की कैद और 2लाख येन के जुर्माने की सज़ा दी जाती है।
D. फैसला जिनमें 2 (आपराधिक तथ्य) मुख्य अंश हैं
   अभियुक्त को आपराधिक तथ्य-1 के लिए सश्रम एक साल की कैद की सज़ा और आपराधिक तथ्य 2 के लिए सश्रम दो साल की कैद की सज़ा दी जाती है।
(2) मुकद्दमे के दौरान हिरासत में बिताए दिनों को सज़ा की अवधि में शामिल करना
A. बुनियादी किस्म
   मुकद्दमे के दौरान हिरासत में बिताए कुल दिनों की संख्या में से, 30 दिनों को सज़ा की अवधि में से घटाया जाएगा।
B. केस, जिसमें बहुत सी मुख्य सज़ाएँ जुड़ी हैं
   मुकद्दमे के दौरान हिरासत में बिताए कुल दिनों की संख्या में से 30 दिनों को, पहले अपराध की सज़ा की अवधि में से कम कर दिया जाएगा।
C. केस, जिसमें मुख्य सज़ा जुर्माना या मामूली जुर्माना है
   मुकद्दमे के दौरान हिरासत में बिताए कुल दिनों की संख्या में से 30 दिनों की बराबर राशि, (प्रत्येक दिन को 5हज़ार येन की राशि में परिवर्तित करके) को जुर्माने की राशि में से घटा दिया जाएगा।
D. केस, जहाँ मुकद्दमे के दौरान हिरासत में बिताए दिनों को सज़ा की पूरी अवधि के लिए या जुर्माने की कुल राशि की अदायगी के लिए घटाया जाता है
   - मुकद्दमे के दौरान हिरासत में बिताए कुल दिनों की संख्या में से सज़ा की अवधि पूरी करने के लिए ज़रूरी दिनों को सज़ा में सम्मिलित कर लिया जाएगा।
   - मुकद्दमे के दौरान हिरासत में बिताए दिनों की कुल संख्या में से (प्रत्येक दिन को 5हज़ार येन की राशि में परिवर्तित करके) इस जुर्माने की रकम को पूरा करने के लिए ज़रूरी दिनों को सज़ा में

する。
(3) 労役場留置

　ア　基本型

　　その罰金を完納することができないときは，金５０００円を１日に換算した期間被告人を労役場に留置する。

　イ　端数の出る場合

　　その罰金を完納することができないときは，金６０００円を１日に換算した期間（端数は１日に換算する。）被告人を労役場に留置する。

(4) 刑の執行猶予

　この裁判が確定した日から３年間その刑の執行を猶予する。

(5) 保護観察

　被告人をその猶予の期間中保護観察に付する。

(6) 補導処分

　被告人を補導処分に付する。

(7) 没収

　ア　基本型

　　押収してある短刀１本（平成〇〇年押第〇〇号の１）を没収する。

　イ　偽造・変造部分の没収

　　押収してある約束手形１通（平成〇〇年押第〇〇号の１）の偽造部分を没収する。

　ウ　裁判所が押収していない物の没収

　　〇〇地方検察庁で保管中の約束手形１通（平成〇〇年

सम्मिलित कर लिया जाएगा।
(3) श्रम-गृह में कैद
A. बुनियादी किस्म
अगर अभियुक्त इस जुर्माने की पूरी राशि का भुगतान करने में असमर्थ है, तो प्रत्येक न दिये 5हज़ार येन को एक दिन में परिवर्तित करके उसे समान दिनों के लिए श्रम-गृह में रखा जाएगा।
B. केस जिसमें शेषफल निहित है
अगर अभियुक्त इस जुर्माने की पूरी राशि के भुगतान में असमर्थ है, तो प्रत्येक न दिये 6हज़ार येन को एक दिन में परिवर्तित करके उसे समान दिनों की अवधि के लिए श्रम-गृह में रखा जाएगा, और शेषफल को पूरे एक दिन के समान माना जाएगा।
(4) सज़ा निष्पादन का निलंबन
जिस दिन से यह सज़ा निश्चित होती है तब से तीन साल तक, इस सज़ा का निष्पादन निलंबित रहेगा।
(5) परिवीक्षा (प्रोबेशन)
जिस अवधि के लिए सज़ा निष्पादन को निलंबित किया गया है, उसके दौरान अभियुक्त को परिवीक्षा के अधीन रखा जाएगा।
(6) निर्देशन के लिए आदेश
अभियुक्त को निर्देशन के अधीन रहने का आदेश दिया जाता है।
(7) ज़ब्त करना
A. बुनियादी किस्म
कब्ज़े में ली गई एक तलवार (कब्ज़ा मद सं. ----/1,----वर्ष) ज़ब्त कर ली जाएगी।
B. मदों के जाली या परिवर्तित भागों को ज़ब्त करना
कब्ज़े में लिए गए एक प्रामिसरी नोट के जाली अंश (कब्ज़ा मद सं. ----/1,----वर्ष) ज़ब्त कर लिए जाएंगे।
C. ऐसी किसी वस्तु को ज़ब्त करना जो अदालती कब्ज़े में नहीं है
ज़िला सरकारी अभियोजक कार्यालय के संरक्षण में मौजूद एक प्रामिसरी

○地領第○○号の1）を没収する。

　　エ　犯罪被害財産の没収

　　　　○○地方検察庁で保管中の現金８００万円（平成○○年○地領第○○号の1，当該現金は犯罪被害財産）を没収する。

(8)　追徴

　　ア　基本型

　　　　被告人から金１０万円を追徴する。

　　イ　犯罪被害財産の価額の追徴

　　　　被告人から金３００万円（当該金３００万円は犯罪被害財産の価額）を追徴する。

(9)　被害者還付

　　ア　基本型

　　　　押収してある本１冊（平成○○年押第○○号の1）を被害者Ａに還付する。

　　イ　被害者不明の場合

　　　　押収してある本１冊（平成○○年押第○○号の1）を被害者（氏名不詳）に還付する。

　　ウ　被害者が死亡した場合

　　　　押収してある本１冊（平成○○年押第○○号の1）を被害者Ａの相続人に還付する。

(10)　仮納付

　　　被告人に対し，仮にその罰金に相当する金額を納付すべきことを命ずる。

(11)　訴訟費用の負担

नोट (कब्ज़ा मद सं. ----/1,----वर्ष) ज़ब्त कर लिया जाएगा।
D. गैर-क़ानूनी तरीके से अर्जित संपत्ति की ज़ब्ती
--- ज़िला सरकारी अभियोजक कार्यालय में भण्डारित नकद 80 लाख येन (कब्ज़ा मद सं. ----/1,----वर्ष, यह नकद गैर-क़ानूनी तरीके से अर्जित संपत्ति है) ज़ब्त किया जाता है।
(8) अतिरिक्त वसूली
A. बुनियादी किस्म
अभियुक्त 1 लाख येन का और भुगतान करेगा
B. गैर-क़ानूनी तरीके से अर्जित संपत्ति के मूल्य का अतिरिक्त भुगतान
अभियुक्त से 30 लाख येन (यह 30 लाख येन गैर-क़ानूनी तरीके से अर्जित संपत्ति का मूल्य है) का अतिरिक्त भुगतान लिया जाएगा।
(9) पीड़ित व्यक्ति को कब्ज़े में ली गई वस्तु की वापसी
A. बुनियादी किस्म
कब्ज़े में ली गई किताब (कब्ज़ा मद सं. ----/1,----वर्ष) पीड़ित व्यक्ति 'क' को लौटा दी जाएगी।
B. केस, जहाँ पीड़ित व्यक्ति अज्ञात है
कब्ज़े में ली गई किताब (कब्ज़ा मद सं. ----/1,----वर्ष) पीड़ित व्यक्ति को, जो वर्तमान में अज्ञात है, लौटा दी जाएगी।
C. मृत पीड़ित व्यक्ति के केस में
कब्ज़े में ली गई किताब (कब्ज़ा मद सं. ----/1,----वर्ष) पीड़ित व्यक्ति 'क' के उत्तराधिकारियों को लौटा दी जाएगी।
(10) अस्थाई भुगतान
अभियुक्त को उक्त जुर्माने के बराबर की राशि का अस्थाई रूप से भुगतान करने का आदेश दिया जाता है।
(11) मुकद्दमे के खर्च का भुगतान

- 訴訟費用は被告人の負担とする。
- 訴訟費用は被告人両名の連帯負担とする。
- 訴訟費用は，その2分の1ずつを各被告人の負担とする。
- 訴訟費用のうち，証人Aに支給した分は被告人の負担とする。
- 訴訟費用中通訳人○○○○に支給した分を除き，その余の分は被告人の負担とする。

(12) 刑の執行の減軽又は免除
- その刑の執行を懲役1年に減軽する。
- 被告人を懲役1年に処し，その刑の執行を免除する。

(13) 刑の免除

被告人に対し刑を免除する。

2 無罪・一部無罪の場合

(1) 無罪

被告人は無罪。

(2) 一部無罪

本件公訴事実中詐欺の点については，被告人は無罪。

3 その他の場合

(1) 免訴

被告人を免訴する。

(2) 公訴棄却

本件公訴を棄却する。

(3) 管轄違い

本件は管轄違い。

- मुकद्दमे में आया खर्च अभियुक्त द्वारा अदा किया जाएगा।
- मुकद्दमे के खर्च के लिए दोनों अभियुक्त संयुक्त रूप से उत्तरदायी होंगे।
- मुकद्दमे में आए खर्च का भुगतान अभियुक्तों द्वारा समान रूप से किया जाएगा।
- मुकद्दमे के कुल खर्च से गवाह 'क' को दी गई राशि का भुगतान अभियुक्त द्वारा किया जाएगा।
- अभियुक्त को, दुभाषिये ---- को दिये गए खर्च के सिवाय, मुकद्दमे के बाकी सभी खर्चों के भुगतान का आदेश दिया जाता है।

(12) सज़ा निष्पादन में छूट या कमी
- उक्त सज़ा के निष्पादन को एक साल की सश्रम कैद से कम किया जाता है।
- अभियुक्त को एक साल सश्रम कैद की सज़ा सुनाई जाती है लेकिन उक्त सज़ा के निष्पादन की छूट प्रदान की जाती है।

(13) सज़ा में छूट
अभियुक्त को सज़ा में छूट प्रदान की जाती है।

2. **निर्देश या आरोपों के आंशिक भाग के लिए निर्दोष के फ़ैसले की स्थिति में**

(1) निर्दोष
अभियुक्त को निर्दोष करार दिया जाता है।

(2) आरोपों के आंशिक भाग के लिए निर्दोष
अभियुक्त, आरोप-पत्र में वर्णित धोखा-धड़ी के आरोप में निर्दोष है।

3. **अन्य फ़ैसले**

(1) रिहा
अभियुक्त को रिहा किया जाता है।

(2) अभियोग-पत्र ख़ारिज
यह अभियोग पत्र ख़ारिज किया जाता है।

(3) अधिकार-क्षेत्र नहीं होना
यह केस इस अदालत के अधिकार-क्षेत्र के भीतर नहीं है।

第4章 控訴審における判決主文の例

1 控訴棄却・破棄

(1) 控訴棄却

- 本件控訴を棄却する。
- 本件各控訴を棄却する。
- 本件控訴中被告人〇〇に関する部分を棄却する。

(2) 破棄自判

- 原判決を破棄する。被告人を懲役〇年〇月に処する。
- 原判決中有罪部分を破棄する。被告人は無罪。
- 被告人らに対する各原判決を破棄する。被告人Aを懲役1年に，被告人Bを懲役6月にそれぞれ処する。
- 原判決中被告人〇〇に関する部分を破棄する。被告人〇〇を懲役3年に処する。

(3) 破棄差戻し

原判決を破棄する。本件を〇〇地方裁判所に差し戻す。

(4) 破棄移送

原判決を破棄する。本件を〇〇地方裁判所に移送する。

2 未決勾留日数の算入

- 当審における未決勾留日数中〇〇日を原判決の刑に算入する。
- 原審における未決勾留日数中〇〇日をその刑に算入する。

3 訴訟費用の負担

- 当審における訴訟費用中通訳人〇〇〇〇に支給した分を除き，その余の分は被告人の負担とする。

IV. उच्च-न्यायालय में दायर अपील (कोसो) पर दिए गए फ़ैसलों के मुख्य अंश के उदाहरण
1. अपील को ख़ारिज करना, रद्द करना
(1) अपील को ख़ारिज करना
   - अपील को ख़ारिज किया जाता है।
   - इस केस में सभी अपीलों को ख़ारिज किया जाता है।
   - इस केस की अपील में से अभियुक्त के ----- से संबंधित भाग को ख़ारिज किया जाता है।
(2) फ़ैसला रद्द करना और नया फ़ैसला देना
   - मौलिक फ़ैसले को रद्द किया जाता है। अभियुक्त को ----- साल ----- महीने की सश्रम कैद कि सज़ा सुनाई जाती है।
   - मौलिक फ़ैसले में शामिल दोषी अंश को रद्द किया जाता है, अभियुक्त निर्दोष है।
   - अभियुक्तों के खिलाफ़ प्रत्येक मौलिक फ़ैसले को रद्द किया जाता है। अभियुक्त 'क' को सश्रम एक साल कैद की सज़ा दी जाती है। अभियुक्त ख को सश्रम छः महीने कैद की सज़ा सुनाई जाती है।
   - मौलिक फ़ैसले में अभियुक्त ----- से संबंधित भाग को रद्द किया जाता है। अभियुक्त ----- को सश्रम 3 साल की कैद की सज़ा दी जाती है।
(3) फ़ैसला रद्द करना और प्रतिप्रेषित करना
   मौलिक फ़ैसले को रद्द किया जाता है और केस ----- ज़िला अदालत को प्रतिप्रेषित किया जाता है।
(4) फ़ैसला रद्द करना और हस्तांतरित करना
   मौलिक फ़ैसले को रद्द किया जाता है और केस ----- ज़िला अदालत को हस्तांतरित किया जाता है।
2. **मुक़द्दमे के दौरान हिरासत में बताए दिनों को सज़ा की अवधि में शामिल करना**
   - अपील के मुक़द्दमे के दौरान अभियुक्त द्वारा हिरासत में काटे गए दिनों में से ----- दिनों की अवधि को मौलिक फ़ैसले द्वारा आदेशित सज़ा की अवधि में से घटा दिया जाएगा।
   - निचली अदालत में मुक़द्दमे के दौरान हिरासत में काटे गए दिनों में से ----- दिनों को सज़ा की अवधि में से घटा दिया जाएगा।
3. **मुक़द्दमे के खर्चों का भुगतान**
   - दुभाषिये ---- को अदा किए गए खर्चों के सिवाय इस अदालत में मुक़द्दमे के दूसरे खर्चों का भुगतान अभियुक्त द्वारा किया जाएगा।

・　原審における訴訟費用中証人○○○○に支給した分は，被告人の負担とする。

第5章　第一審における判決理由
1　罪となるべき事実
(1)　不正作出支払用カード電磁的記録供用罪及び窃盗罪の例

　　「被告人は，Ａ名義のキャッシュカードを構成する人の財産上の事務処理の用に供する電磁的記録を不正に作出して構成されたＢ名義のキャッシュカードの外観を有する不正電磁的記録カード１枚を使用して，金員を窃取しようと企て，平成○○年６月１２日午前１１時３０分ころ，東京都杉並区西荻窪４丁目２番５号所在のＣ銀行西荻窪支店において，前後２回にわたり，人の財産上の事務処理を誤らせる目的で，上記カードを同所設置の現金自動預払機に挿入させて同カードの電磁的記録を読み取らせて同機を作動させ，同カードの電磁的記録を人の財産上の事務処理の用に供するとともに，同機からＣ銀行西荻窪支店長管理に係る現金５０万円を引き出して窃取したものである。」

(2)　覚せい剤取締法違反罪の例

　　「被告人は，法定の除外事由がないのに，平成○○年４月５日午後６時３０分ころ，山中市山田町３番６号の被告人方において，覚せい剤であるフェニルメチルアミノプロパン約０．０４グラムを含有する水溶液０．２５ミリリットルを自己の左腕に注射し，もって，覚せい剤を使用したものである。」

(3)　大麻取締法違反罪の例

- निचली अदालत में मुक़द्दमे की कुल लागत में से गवाह ---- को अदा की गई रकम अभियुक्त द्वारा अदा की जाएगी।

V. निचली अदालत द्वारा दिए गए फ़ैसलों के आधार
1. आपराधिक तथ्य
(1) अनाधिकृत रूप से बनाए हुए भुगतान कार्ड के विद्युत-चुंबकीय (इलेक्ट्रोमैग्नेटिक) डाटा के प्रयोग तथा पैसों की चोरी का उदाहरण

"अभियुक्त ने 'क' के नाम पर जारी एटीएम कार्ड में कूटित व्यक्तिगत संपत्ति के संव्यवहार के लिए प्रयुक्त होने वाले विद्युत-चुंबकीय डाटा को अनाधिकृत रूप से बनाया, और उसी अनाधिकृत डाटा के कूटित हुए एक कार्ड, जो कि 'ख' के नाम पर जारी एटीएम कार्ड के आकार-प्रकार वाला था, के प्रयोग से पैसे चोरी करने की योजना बनाई। फिर 12 जून ---- को सुबह लगभग 11:30 बजे, 4-2-5 निशिओगीकुबो, सुगिनामी-कु, टोकियो में स्थित 'ग' बैंक की निशिओगिकुबो शाखा में, व्यक्तिगत संपत्ति के संव्यवहार में त्रुटि कराने के उद्देश्य से, उपरोक्त कार्ड को उसी जगह पर मौजूद एटीएम मशीन में 2 बार डाला, और उस कार्ड के विद्युत-चुंबकीय डाटा को रीड कराकर उस मशीन को संचालित कराया। इस प्रकार अभियुक्त ने उस कार्ड के विद्युत-चुंबकीय डाटा को व्यक्तिगत संपत्ति के संव्यवहार के लिए प्रयोग किया और साथ ही साथ उस मशीन से 'ग' बैंक की निशिओगिकुबो शाखा के शाखा-प्रबंधक के प्रबंधन के अंतर्गत आते 5 लाख येन नकद निकाल कर चोरी की।"

(2) उत्तेजक दवा नियंत्रण क़ानून के उल्लंघन का उदाहरण

"अभियुक्त ने, बिना किसी क़ानूनी अपवाद के आधार के, 5 अप्रैल ---- की शाम लगभग 6:30 बजे, यामानाका शहर में अपने घर 3-6 यामादा-चो, में नशीले पानी के रूप में 0.25 मिलीलीटर मात्रा की उत्तेजक दवा का एक इंजेक्शन बाईं बाजू में लिया, जिसमें 0.04 ग्राम फिनाइल-मिथाइल-अमीनो प्रोपेन की मात्रा मिली हुई थी। इस प्रकार अभियुक्त ने उत्तेजक दवा का उपयोग किया।"

(3) गांजा नियंत्रण क़ानून के उल्लंघन का उदाहरण

「被告人は，みだりに，大麻を輸入しようと企て，大麻草７０．９４グラム（種子を含む）を自己の着用する両足靴下底にそれぞれ隠匿携帯した上，〇〇〇〇年５月３日（現地時間），Ａ国〇〇国際空港から〇〇航空０１７便の航空機に搭乗し，平成〇〇年５月４日午後零時３０分ころ千葉県成田市所在の成田国際空港に到着し，大麻を身につけたまま同航空機から本邦に上陸し，もって，本邦内に大麻を輸入したものである。」

(4) 麻薬及び向精神薬取締法違反罪の例

「被告人は，みだりに，平成〇〇年６月１０日午後６時ころ，東京都千代田区田中町３番１号の被告人方洋服ダンス内に麻薬である塩酸ジアセチルモルヒネの粉末約１０グラムを所持したものである。」

(5) 売春防止法違反罪の例

「被告人は，売春をする目的で，平成〇〇年１０月８日午後１１時２０分ころから同日午後１１時４５分ころまでの間，横浜市港北区新横浜２丁目５番１０号喫茶店「かおり」横付近から同区同町２丁目２番４号葵銀行新横浜支店前に至る間の路上をうろつき，あるいは立ち止まるなどし，もって，公衆の目にふれるような方法で客待ちをしたものである。」

(6) 強盗致死罪の例

「被告人は，遊興費欲しさとうっ憤晴らしのために，適当な相手を見つけて袋だたきにして所持金等を強取しようと考え，Ａ，Ｂと共謀の上，平成〇〇年１２月３日午前３

"अभियुक्त ने बिना क़ानूनी इजाज़त के गांजा के आयात की योजना बनाई और अपनी जुराबों के नीचे 70.94 ग्राम गांजा की पत्तियाँ तथा बीज छुपा कर वह 3 मई ---- को (स्थाई समय) ----- देश के ----- अंतर्राष्ट्रीय हवाई अड्डे से ---- विमान सेवा की उड़ान संख्या 017 में सवार हुआ और नारिता शहर, चिबा ज़िला स्थित नारिताअंतर्राष्ट्रीय हवाई अड्डे पर 4 मई ---- को लगभग 12:30 बजे उतरा| इस प्रकार अभियुक्त ने जापान में गांजा का आयात किया|"

(4) नशीले पदार्थ और साइकोट्रोपिक्स नियंत्रण क़ानून के उल्लंघन का उदाहरण

"अभियुक्त के पास बिना क़ानूनी इजाज़त के, 10 जून ---- की शाम लगभग 6 बजे, 3-1, तानाका-चो, चियोदा-कु टोक्यो शहर में उसके घर की अलमारी में लगभग 10 ग्राम हाइड्रोक्लोरिक एसिड डाइसेटाइल मॉर्फीन पाउडर (एक प्रकार का नशीला पदार्थ) था|"

(5) वेश्यावृत्ति संबंधी क़ानून के उल्लंघन का उदाहरण

"8 अक्तूबर ---- की शाम 11:20 से 11:45 के दौरान अभियुक्त को योकोहामा शहर की सड़क पर, 2-5-10 शिन-योकोहामा कोहोकु-कु स्थित "काओरी" कॉफ़ी हाउस और 2-2-4 आओई बैंक की शिन-योकोहामा शाखा के बीच वेश्यावृत्ति करने के उद्देश्य से मटरगश्ती करते व टहलते हुए पाया गया| लिहाज़ा अभियुक्त ने सरेआम वेश्यावृत्ति के इरादे से ग्राहकों का इंतज़ार किया|"

(6) डकैती के नतीजे मृत्यु का उदाहरण

"अभियुक्त ने सोचा, किसी भी राह जाते व्यक्ति (पुरुष/स्त्री) को पकड़कर उसकी पिटाई करके उसके पैसे लूटें जाएँ ताकि मौज-मस्ती की जा सके, और फिर इस तरह से अपना ग़ुस्सा भी उतार लिया जाए|

時10分ころ，さいたま市大宮区高鼻町14番1号付近の路上において，たまたま通りかかったC（当時20歳）に対し，被告人，A，Bにおいてこもごも，その顔面，頭部，腹部等を多数回にわたってこぶしで殴り，力一杯蹴り付けるなどの暴行を加えた上，Aにおいて，抵抗できなくなったCからその所有する現金3万2000円くらいが入った財布1個を奪い取ったが，その際前記各暴行によって，Cに対し左側急性硬膜下血腫，脳挫傷，外傷性くも膜下血腫の傷害を負わせ，同月13日午後4時12分ころ，さいたま市大宮区盆栽町2丁目3番2号大宮病院において，それらの傷害により同人を死亡させたものである。」

(7) 自動車運転過失傷害罪の例

「被告人は，平成〇〇年9月12日午前9時30分ころ，普通乗用自動車を運転し，東京都武蔵野市吉祥寺東町31番地付近道路先の左方に湾曲した道路を荻窪方面から三鷹方面に向かい時速約50キロメートルで進行していた。こういった場合，自動車運転者としては前方を注視し，ハンドル操作を正しく行って進路を適正に保って進行すべき自動車運転上の注意義務がある。しかしながら，被告人は足元に落とした地図を拾うのに気を奪われたためこの注意義務に違反して，前方注視を欠き，ハンドルから一瞬手を離したまま，時速約50キロメートルで進行するという過失を犯した。このため，車は対向車線に進入して，対面進行してきたA運転の大型貨物自動車の右側面に衝突した上，その衝撃で更に前方に進出して，A運転車両の後方から進

फिर अभियुक्त 'क' और अभियुक्त 'ख' ने आपस में इस सिलसिले में साज़िश की और साईतामा शहर की ओमिया-कु 14-1 ताकाहाना-चो, की गली में 3 दिसंबर ---- सुबह लगभग 3:10 बजे 'ग' नामक व्यक्ति को (जिसकी उम्र उस समय 20 वर्ष थी) जो संयोग से सामने से आ रहा था, देखते ही देखते, उसके मुँह, सिर व पेट पर ताबड़तोड़ घूँसों और लातों के प्रहार करने शुरू कर दिये और उसकी जमकर पिटाई की। इस प्रकार जब 'ग' नामक व्यक्ति धुनाई होने पर मुकाबला करने लायक न रहा तो अभियुक्त 'क' ने उसका बटुआ, जिसमें लगभग 32हज़ार येन की धनराशि थी, छीन लिया। अभियुक्त 'क' और 'ख' द्वारा 'ग' पर इस बुरी तरह प्रहार करके, 'ग' नामक व्यक्ति को घायल कर दिया और उसके दिमाग पर गहरी चोट पहुँचाई। (ग) के दिमाग की कई नसें फट गईं, उसे दिमागी दौरे पड़ने लगे और आखिरकार उसने उसी महीने 13 तारीख को शाम लगभग 4:12 बजे साइतामा शहर के ओमिया-कु 2-3-2 बोनसाई-चो स्थित ओमिया अस्पताल में दम तोड़ दिया। इस प्रकार गहरी चोटें पहुँचाने के द्वारा अभियुक्त 'क' और 'ख', 'ग' की मृत्यु का कारण बने।"

(7) कार चलाने में लापरवाही बरतने से शारीरिक रूप से ज़ख़्मी करने के जुर्म का उदाहरण

"12 सितंबर ---- की सुबह, लगभग 9:30 बजे, अभियुक्त 31 हिगाशी-चो-किचीजोजी, मुसाशीनो शहर टोक्यो में बाईं तरफ़ (वक्राकृति में) घूमती हुई सड़क पर ओगीकुबो से मिताका की दिशा में 50 किलोमीटर प्रति घंटा की रफ़्तार से सामान्य सवारी कार चला रहा था। इस तरह की स्थिति में कार-चालक का यह फ़र्ज़ है कि वह सामने नज़र रखे और स्टीयरिंग पर नियंत्रण रखते हुए और सड़क सुरक्षा का ध्यान रखते हुए सावधानी से कार चलाए। लेकिन पैर के पास गिरे नक्शे को उठाते हुए अभियुक्त का ध्यान भंग हो गया, उसकी नज़र सामने से हट गई और एक क्षण के लिए उसके हाथ से स्टीयरिंग भी छूट गया। इसके बावजूद भी, अभियुक्त ने 50 किलोमीटर प्रति घंटा की रफ़्तार से कार चलाना जारी रखा। जिसके नतीजे कार विपरीत दिशा की लेन में दाख़िल हो गई और वहाँ से आते हुए एक बड़े डिलीवरी ट्रक के दाएँ हिस्से से जा टकराई। इस ट्रक को 'क' नामक व्यक्ति चला रहा था। इस टक्कर से अभियुक्त की कार झटका खाकर आगे की तरफ़ खिसक गई और पीछे से आ रहे 'ख' नामक व्यक्ति (उस वक़्त जिसकी उम्र 55 वर्ष थी) की गाड़ी के अगले दाएँ हिस्से से जा भिड़ी। इस

行してきたB（当時55歳）運転の普通貨物自動車の右前部に衝突した。その結果，Bに加療約200日間を要する右股関節脱臼骨折の傷害を負わせたものである。」

(8) 傷害罪の例

「被告人は，平成○○年9月2日午後1時5分ころ，横浜市港南区日野南3丁目6番17号先路上で，通行中のA（当時62歳）に「おまえ，どこを歩いとるんじゃ。」などと因縁をつけ，こぶしでその顔を2回殴って転倒させ，その上に馬乗りになって更にその顔をこぶしで数回殴った。この暴行により，Aに約5日間の加療を要する右肘部挫滅傷，顔面挫滅傷の傷害を負わせたものである。」

(9) 詐欺罪の例

「被告人は，不正に入手した平和カード株式会社発行のA名義のクレジットカードを使用してその加盟店から商品をだまし取ろうと企て，平成○○年4月5日午前11時15分ころ，東京都中央区中村町3番先中村ショッピングセンター1階株式会社中村銀座店において，同店店長Bに対し，代金支払の意思及び能力がないのに，自己がクレジットカードの正当な使用権限を有するAであって，クレジットカードシステムによって代金の支払をするもののように装い，前記クレジットカードを提示してスーツ等3点の購入を申し込み，前記Bをしてその旨誤信させ，よって即時同所において，同人からスーツ等3点（価格合計7万3700円相当）の交付を受けてこれをだまし取ったものである。」

प्रकार अभियुक्त ने 'ख' नामक व्यक्ति को शारीरिक रूप से चोटें पहुंचाई। 'ख' के दाएँ कूल्हे की हड्डी चटक गई जिसके इलाज में लगभग 200 दिन लगे।"

(8) शारीरिक चोट पहुँचाने के जुर्म का उदाहरण

"अभियुक्त ने 2 सितम्बर ---- को दोपहर लगभग 1:05 बजे, 3-6-17 हिनो मिनामी, कोनान-कु, योकोहामा शहर की एक सड़क पर 'क' नामक एक व्यक्ति से (उस वक्त जिसकी उम्र 62 वर्ष थी), जो उस रास्ते से जा रहा था, यह कहते हुए झगड़ा मोल लिया कि "अबे! देख के नहीं चलता?" और उसके मुँह पर दो मुक्के मारे। फिर वह 'क' को गिराकर उसपर चढ़ बैठा और उसके मुँह पर और मुक्के मारे। इस हमले से अभियुक्त ने उसकी दाहिनी कुहनी तथा मुँह पर चोटें पहुँचाई जिसके उपचार में पाँच दिन लगे।"

(9) धोखाधड़ी का उदाहरण

"अभियुक्त ने 'क' नामक व्यक्ति का एक क्रेडिट कार्ड जो हेइवा कार्ड लिमिटेड द्वारा जारी किया गया था, अवैध ढंग से प्राप्त किया तथा इस क्रेडिट कार्ड को मान्यता देने वाले स्टोर से गैर-क़ानूनी ढंग से इसका उपयोग करके सामान ठगने की योजना बनाई। अभियुक्त 5 अप्रैल ---- को लगभग 11:15 बजे 3 नाकामुरा-चो चूओ-कु टोक्यो के नाकामुरा शापिंग सेंटर के प्रथम तल पर स्थित नाकामुरा गिन्ज़ा ब्रांच में गया। अभियुक्त की न तो बिल अदा करने की कोई इच्छा थी और न ही उसकी इतनी सामर्थ्य थी। इसके बावजूद भी उसने यह दिखावा किया कि जैसे वह कार्ड का असली मालिक 'क' है और कार्ड पद्धति से बाकायदा बिल अदा करेगा। अभियुक्त ने स्टोर मैनेजर 'ख' को उपरोक्त कार्ड दिखाकर उससे तीन चीज़ें जिनमें एक सूट भी शामिल था, खरीदीं। लिहाजा अभियुक्त ने उपरोक्त मैनेजर को धोखा देकर उससे 73हज़ार 7 सौ येन का सामान हथिया लिया।"

(10) 殺人罪の例（確定的故意の場合）

「被告人は，Ａ（当時６２歳）に雇われ，東京都江東区山中町５丁目２番４号所在の同人方に住み込んでいたものであるが，被告人が通行人に罵声を浴びせたのを前記Ａから叱責されて口論のあげく激高し，とっさに，同人を殺害しようと決意し，平成〇〇年３月８日午後７時ころ，同人方６畳間の押し入れの中から刃体の長さ１３センチメートルのくり小刀を持ち出して携え，同所において，左手で前記Ａの襟首をつかんで引き寄せながら，右手に持っていた前記くり小刀で同人の左胸部を突き刺し，同人がその場から逃げ出すや，追跡して同人方前路上でこれに追い付き，同所において，更に前記くり小刀で同人の左背部を突き刺し，よって，同人をして心臓刺切に基づく失血により即死させて殺害したものである。」

(11) 殺人罪の例（未必的故意の場合）

「被告人は，かねて，東京都千代田区山中２丁目８番９号所在のスナック「隼」の店員Ａ（当時３０歳）から軽蔑の目でみられていることに憤まんの情を抱いていたところ，平成〇〇年８月７日午後１時３０分ころ，前記「隼」において，客として，前記Ａにビールを注文したにもかかわらず，同人から「今日は帰れ。」と断られた上，刺身包丁を示され，「刺すなら刺してみろ。」と言われ，小心者と馬鹿にされたものと激高し酒の酔いも加わった勢いから，とっさに，同人が死亡する危険性が高い行為と分かっていながら，持ち合わせていた登山用ナイフ（刃体の長さ１０セ

(10) हत्या (उस मामले में जहाँ निश्चित तौर पर हत्या का इरादा हो) का उदाहरण

"अभियुक्त 'क' नामक व्यक्ति (जो उस समय 62 वर्ष की आयु का था) के यहाँ नौकरी करता था तथा उसके साथ ही उसके घर 2-4 यमानाका-चो 5-चोमे, कोतो-कु टोक्यो में रहता था। उपरोक्त 'क' ने अभियुक्त को एक राहगीर का मज़ाक उड़ाने के लिए डांटा तो दोनों में झगड़ा हो गया और अभियुक्त आपे से बाहर हो गया और उसने 'क' की हत्या करने की ठान ली। 8 मार्च ---- को शाम लगभग 7:00 बजे अभियुक्त ने 'क' के 6 चटाई वाले कमरे की अलमारी से 13 से.मी. वाले लकड़ी पर नक्काशी करने वाला चाकू निकाला तथा उसे अपने दाहिने हाथ में रखा। फिर उसने बाएँ हाथ से उपरोक्त 'क' का कालर पकड़ा तथा उसे नज़दीक खींचकर उसकी बाईं छाती में चाकू घोंप दिया। 'क' जब वहाँ से बाहर निकलकर भागा तो अभियुक्त ने उसका पीछा करके घर के बाहर सड़क पर उसे पकड़ा और 'क' की पीठ के बाईं तरफ़ फिर उपरोक्त लकड़ी पर नक्काशी करने वाला चाकू घोंप दिया। परिणामस्वरूप 'क' के दिल में छेद होने तथा अत्यधिक खून निकलने से उसकी तत्काल मृत्यु हो गई। इस प्रकार अभियुक्त ने 'क' की हत्या कर दी।"

(11) हत्या (जहाँ नतीजे की संभावना का आभास हो)

"अभियुक्त को 'क' नामक व्यक्ति (जो उस समय 30 वर्ष आयु का था) से द्वेष था क्योंकि 'क' उसे अपमानजनक दृष्टि से देखता था। 'क' हायाबुसा नामक बार में, जो 8-9 यामानाका 2-चोमे, चियोदा-कु टोक्यो में स्थित है नौकरी करता था। 7 अगस्त ---- को लगभग 1:30 बजे दोपहर में अभियुक्त ग्राहक के तौर पर उपरोक्त 'हायाबुसा' में गया और उसने उपरोक्त 'क' को बीयर का आर्डर दिया। लेकिन 'क' ने बीयर देने से इनकार कर दिया और अभियुक्त से कहा कि "आज घर जाओ" और फिर उसने सामने मछली काटने वाला चाकू फेंकते हुए कहा "अगर मुझे चाकू मार सकते हो तो मारो।" अभियुक्त अपनी कायरता पर व्यंग्य किये जाने से गुस्से में आ गया और उस वक्त क्योंकि उसपर शराब के नशे का भी जोर था, उसने, यह जानते हुए भी कि ऐसा करने से 'क' की मृत्यु होने का बहुत ख़तरा है, अपने पास मौजूद पर्वतारोहण में प्रयोग होने वाला 10 से.मी. लम्बा चाकू निकाला और इस चाकू को 'क' के पेट के नीचे दाहिनी ओर घोंप दिया। इसके फलस्वरूप दाएँ गुर्दे

ンチメートル)で,同人の右下腹部を1回突き刺し,よって同月8日午前2時5分ころ,同区北川5丁目8番8号田中病院において同人を右腎等刺切による失血のため死亡させ,もって,同人を殺害したものである。」

(12) 銃砲刀剣類所持等取締法違反罪の例

「被告人は,法定の除外事由がないのに,平成〇〇年6月7日午後7時ころ,横浜市田中町1丁目2番3号付近路上に停車していた自己所有の普通乗用自動車内において,回転弾倉式けん銃1丁をこれに適合する実砲19発と共に保管して所持したものである。」

(13) 出入国管理及び難民認定法違反罪の例

「被告人は,〇〇国国籍を有する外国人であり,平成〇〇年3月10日,同国政府発行の旅券を所持して,千葉県成田市所在の成田国際空港に上陸し,我が国に入国したが,在留期間が平成〇〇年4月10日までであったのに,その日までに在留期間の更新又は変更を受けないで我が国から出国せず,平成〇〇年5月11日まで,神奈川県大和市大和町2丁目149番地に居住し,もって,在留期間を経過して不法に本邦に残留したものである。」

(14) 窃盗罪(万引)の例

「被告人両名は,共謀の上,平成〇〇年3月4日午後零時45分ころ,東京都豊島区北山町1番2号株式会社北山池袋店において,同店店長A管理のシャープペンシル38本など合計84点(定価合計3万0850円相当)を窃取したものである。」

में छेद होने और अत्यधिक खून बह जाने की वजह से, 8-8 कितागावा 5-चोमे, चियोदा-कु में स्थित तानाका अस्पताल में उसी महीने 8 तारीख को रात लगभग 2:05 बजे 'क' की मृत्यु हो गई। इस प्रकार अभियुक्त ने 'क' की हत्या कर दी।"

(12) बंदूक या तलवार की किस्म के हथियार रखने इत्यादि पर नियंत्रण क़ानून के उल्लंघन का उदाहरण

"अभियुक्त ने बिना किसी क़ानूनी अपवाद के आधार के, 7 जून ---- को लगभग 7 बजे शाम, 2-3 तानाका-चो, 1-चोमे, योकोहामा शहर में एक सड़क पर खड़ी अपनी सामान्य सवारी कार में 1 रिवाल्वर तथा उसके अनुकूल 19 जिंदा कारतूस अपने पास मौजूद रखे।"

(13) इमीग्रेशन कंट्रोल तथा शरणार्थी मान्यता क़ानून के उल्लंघन का उदाहरण

"अभियुक्त एक विदेशी है तथा ------ देश का नागरिक है। अभियुक्त अपने देश की सरकार द्वारा जारी पासपोर्ट पर, 10 मार्च ---- को, नारिता शहर के चिबा ज़िले में स्थित नारिता अंतर्राष्ट्रीय हवाई अड्डे से जापान में दाखिल हुआ। अभियुक्त के जापान में रहने की अवधि 10 अप्रैल ---- तक थी। परन्तु वह उस दिन तक जापान में रहने की अवधि का नवीनीकरण अथवा परिवर्तन कराए बिना व जापान छोड़े बगैर, 11 मई, ---- तक 2-149 यामातो-चो, यामातो शहर, कानागावा ज़िले में रहा। लिहाज़ा अभियुक्त ने जापान में रहने की अवधि ख़त्म होने के पश्चात भी जापान में अवैध रूप से प्रवास किया।"

(14) चोरी (उठाईगिरी) का उदाहरण

"दोनों अभियुक्तों ने आपस में षड़यंत्र करके 4 मार्च ---- को लगभग 12:45 बजे दोपहर कितायामा लिमिटेड के इकेबुकुरो स्टोर, जो 1-2 कितायामा-चो, तोशिमा-कु, टोक्यो में स्थित है तथा स्टोर मैनेजर 'क' के अधीन है, से 84 नग सामान चुराया, जिसमें 38 मकैनिकल पेन्सिल भी शामिल हैं और जिसका कुल मूल्य 30,850 येन है।"

⒂　窃盗罪（すり）の例

「被告人両名は，共謀の上，平成○○年３月４日午後４時５４分ころ，東京都台東区山下町１番２号付近路上で，被告人Ｘにおいて，通行中のＡ（当時３０歳）が右肩に掛けていたショルダーバッグ内から，同人所有の現金４万３７５９円及びキャッシュカード等６点在中の札入れ１個（時価約１万円相当）を抜き取って，これを窃取したものである。」

⒃　教唆の例（窃盗）

「被告人は，平成○○年３月４日午後２時ころ，東京都千代田区北山町３番６号Ａ方前路上において，Ｘに対し，「明日はこの家は留守になる。裏の戸はいつも開いているから，何か金目のものを取ってこい。」と申し向けて前記Ａ方から金品を窃取するようにそそのかし，Ｘをしてその旨決意させ，よって，同月５日午後３時ころ，前記Ａ方において，同人所有の腕時計１個（時価２０万円相当）を窃取するに至らせ，もって，窃盗の教唆をしたものである。」

⒄　幇助の例（窃盗）

「被告人は，Ｘが，平成○○年３月４日午後３時ころ，東京都千代田区北山町３番６号Ａ方において腕時計１個（時価２０万円相当）を窃取するに際し，Ａ方前路上でＸのため，見張りをし，もって，同人の犯行を容易ならしめてこれを幇助したものである。」

２　証拠の標目

判示第１の事実について

(15) चोरी (जेब काटना) का उदाहरण

"दोनों अभियुक्तों ने आपस में षड्यंत्र करके 4 मार्च ---- को लगभग 4:54 बजे दोपहर, 1-2 यामाशिता-चो, ताइतो-कु टोक्यो स्थित गली में जा रहे 'क' नामक व्यक्ति (उस वक्त उम्र 30 वर्ष) के दाहिने कंधे पर लटके शोल्डर बैग में से एक पर्स चोरी किया, जिसकी उस वक्त कीमत लगभग 10हज़ार येन थी और जिसमें 43,759 येन नकद और कैश कार्ड इत्यादि कुल 6 चीज़ें थीं।"

(16) उकसाने (चोरी के लिए) का उदाहरण

"अभियुक्त ने 4 मार्च ---- लगभग 2 बजे दोपहर को 'क' नामक व्यक्ति के घर के सामने जो 3-6 कितायामा-चो, चियोदा-कु, टोक्यो में स्थित है, 'स' को 'क' के घर से रुपए तथा सामान चुराने के लिए उकसाते हुए कहा, "कल उस घर के सभी लोग बाहर जाएंगे। घर का पिछला दरवाज़ा सदैव खुला रहता है, इसलिए तुम जाकर कुछ मूल्यवान सामान व रुपए चुरा लाओ।" यह सुनकर 'स' ने चोरी का निर्णय लिया, तथा 'क' के घर से उसी महीने 5 तारीख दोपहर लगभग 3 बजे एक कलाई घड़ी (उस वक्त कीमत लगभग 2लाख येन) चुरा ली। इस प्रकार अभियुक्त ने 'स' को चोरी के लिए उकसाया।"

(17) सहायता (चोरी करने में) का उदाहरण

"4 मार्च ---- दोपहर लगभग 3:00 बजे 3-6 कितायामा-चो, चियोदा-कु, टोक्यो स्थित 'क' नामक व्यक्ति के घर से 'स' जब एक कलाई घड़ी (उस वक्त कीमत लगभग 2लाख येन) चुरा रहा था तब अभियुक्त ने 'क' के घर के बाहर चौकसी की ताकि 'स' को चोरी करने में आसानी हो। इस प्रकार अभियुक्त ने चोरी में सहायता प्रदान की।"

2. सबूतों की सूची

फ़ैसला-1 के आपराधिक तथ्य के संबंध में

- 被告人の当公判廷における供述
- 被告人の検察官に対する平成〇〇年2月15日付け供述調書
- 証人Aの当公判廷における供述
- Bの検察官に対する供述調書
- Cの司法警察員に対する供述調書（謄本）
- D作成の被害届
- 司法警察員作成の実況見分調書
- 司法巡査作成の平成〇〇年1月22日付け捜査報告書
- 鑑定人E作成の鑑定書
- 押収してある覚せい剤1袋（平成〇〇年押第〇〇号の1）
- 〇〇地方検察庁で保管中のけん銃1丁（平成〇〇年〇地領第〇〇号の1）
- 分離前の相被告人Yの当公判廷における供述
- 第3回公判調書中の証人Aの供述部分
- 証人Cに対する当裁判所の尋問調書
- 証人Dに対する受命裁判官の尋問調書
- 当裁判所の検証調書
- 医師F作成の診断書

3 累犯前科

「被告人は，平成〇〇年3月26日〇〇簡易裁判所で窃盗罪により懲役8月に処せられ，平成〇〇年11月26日その刑の執行を受け終わったものであって，この事実は検察事務官作成の前科調書によってこれを認める。」

- इस अदालत में सुनवाई के दौरान अभियुक्त का बयान
- 15 फरवरी ---- को सरकारी अभियोजक के सामने अभियुक्त द्वारा दर्ज कराया गया बयान
- इस अदालत में सुनवाई के दौरान गवाह 'क' का बयान
- 'ख' के द्वारा सरकारी अभियोजक के सामने दर्ज कराया गया बयान
- न्यायिक पुलिस अधिकारी के सामने 'ग' का दर्ज कराया गया बयान (सत्यप्रति)
- 'घ' के द्वारा तैयार की गई पीड़ित व्यक्ति की रिपोर्ट
- न्यायिक पुलिस अधिकारी द्वारा मौके पर की गई जाँच की रिपोर्ट
- न्यायिक पुलिस कांस्टेबल द्वारा तैयार 22 जनवरी ---- की जाँच-रिपोर्ट
- विशेषज्ञ 'च' द्वारा तैयार की गई विशेषज्ञ-रिपोर्ट
- इस अदालत द्वारा कब्जे में लिया गया उत्तेजक दवा का प्लास्टिक बैग (कब्ज़ा मद सं. ---/1, --- वर्ष)
- एक हैंडगन (कब्ज़ा मद सं. ---/1, --- वर्ष) जो ज़िला सरकारी अभियोजक कार्यालय ----- के संरक्षण में है।
- अलग सुनवाई से पहले सह अभियुक्त 'य' का इस अदालत के सामने दिया बयान
- तीसरी पेशी के दौरान दर्ज किये गए बयानों में से गवाह 'क' द्वारा दिया गया बयान
- इस अदालत के द्वारा गवाह 'ग' के प्रति की गई पूछताछ का रिकार्ड
- अधिकृत न्यायाधीश द्वारा गवाह 'घ' के प्रति की गई पूछताछ का रिकार्ड
- इस अदालत द्वारा जाँच का रिकार्ड
- चिकित्सक 'छ' द्वारा प्रस्तुत चिकित्सकीय आख्या

3. **दोहराए जाने वाले अपराधों का पिछला रिकार्ड**

सरकारी अभियोजक के सहायक द्वारा प्रस्तुत आपराधिक रिकार्ड पर आधारित रिपोर्ट के अनुसार अदालत ने यह तथ्य पाया कि अभियुक्त को 26 मार्च ---- को चोरी करने के लिए ----- संक्षिप्त (सरसरी) अदालत द्वारा सश्रम 8 महीने कारावास की सज़ा सुनाई गई थी और अभियुक्त ने 26 नवंबर ---- तक इस सज़ा को काट कर पूरा किया।

4 確定判決

「被告人は,平成〇〇年3月10日〇〇地方裁判所で傷害罪により懲役1年に処せられ,その裁判は同月25日確定したものであって,この事実は検察事務官作成の前科調書によってこれを認める。」

5 法令の適用

「被告人の判示所為は刑法199条に該当するところ,所定刑中有期懲役刑を選択し,その刑期の範囲内で被告人を懲役8年に処し,同法21条を適用して未決勾留日数中120日をその刑に算入し,押収してある刺身包丁1本(平成〇〇年押第〇〇号の1)は判示犯行の用に供した物で被告人以外の者に属しないから,同法19条1項2号,2項本文を適用してこれを没収し,訴訟費用は,刑事訴訟法181条1項ただし書を適用して被告人に負担させないこととする。」

6 量刑の理由

出入国管理及び難民認定法違反の例

・ 本件は,Y国国民である被告人が,定められた在留期間を越えて不法に我が国に残留したという事案である。

・ 被告人が我が国に不法に残留した期間が2年余りの長期であることなどに照らすと,被告人の刑事責任は重い。

・ 他方で,被告人は,本件犯行について反省の態度を示し,今後は,本国に帰って,まじめな生活を送りながら,立ち直っていくことを誓っていること,被告人と生活を共にしていた婚約者が,被告人の本国で被告人と結婚して共に生活する気持ちでおり,被告人に対する寛大な処

4. **अदालत का अंतिम फ़ैसला**
   सरकारी अभियोजक के सहायक द्वारा प्रस्तुत आपराधिक रिकार्ड पर आधारित रिपोर्ट के अनुसार अदालत ने पाया कि, 10 मार्च ---- को ----- ज़िला अदालत द्वारा किसी को ज़ख्मी करने के मामले में अभियुक्त को एक साल सश्रम कारावास की सज़ा सुनाई गई थी और अदालत का यह फ़ैसला उसी 25 तारीख़ को अंतिम हो गया था।

5. **क़ानून तथा अध्यादेशों को लागू करना**
   अभियुक्त द्वारा किया गया जुर्म इस अदालत के अनुसार दण्ड संहिता की दफ़ा 199 के अधीन आता है। इस संहिता के विभिन्न प्रावधानों में से सश्रम कारावास के प्रावधान को चुनते हुए, अदालत अभियुक्त को निर्धारित सज़ा के दायरे में से 8 वर्ष सश्रम कारावास की सज़ा सुनाती है तथा इसी क़ानून की दफ़ा 21 के तहत सुनवाई के दौरान हिरासत में गुज़ारे समय में से 120 दिनों को इस सज़ा में से घटाने का निर्देश देती है। इसके अलावा, क़ब्ज़े में लिया गया मछली काटने का चाक़ू (क़ब्ज़ा मद सं. ---- /1, ---- वर्ष) जो अभियुक्त का है और जो इस अपराध में प्रयोग किया गया, को दफ़ा 19(1)-2 तथा मुख्य अनुच्छेद (2) के अनुसार ज़ब्त करने का निर्देश देती है। अभियुक्त को दण्ड प्रक्रिया संहिता की दफ़ा 181(1) के प्रतिबंधित अनुच्छेद के अनुसार अभियोग ख़र्च से बरी किया जाता है।

6. **सज़ा का आधार**
   उदाहरण: इमीग्रेशन कंट्रोल तथा शरणार्थी मान्यता क़ानून का उल्लंघन
   - इस मामले में अभियुक्त, जो 'य' देश का निवासी है, वीज़ा अवधि की समाप्ति के बाद भी ग़ैर-क़ानूनी ढंग से जापान में रुका रहा।
   - अभियुक्त ने 2 वर्ष से अधिक समय के लम्बे अरसे तक ग़ैर-क़ानूनी ढंग से जापान में प्रवास किया। इस तथ्य के मद्देनज़र अभियुक्त का आपराधिक उत्तरदायित्व बेहद संगीन है।
   - दूसरी ओर, अभियुक्त ने इस अपराध पर खेद प्रकट करते हुए वचन दिया है कि वह अपने देश वापस लौट जाएगा। वह मेहनत करके ज़िंदगी बसर करेगा और तथा अपने आप को सुधारेगा। उसकी मंगेतर, जो उसके साथ ही रहती है, की इच्छा है कि अभियुक्त के साथ उसके देश जाकर एक साथ रहे। उसने विनती की है कि

罰を訴えていることなど，被告人にとって酌むべき事情もある。

・　そこで，これらの事情を総合して主文のとおり刑を量定した。

第6章　控訴審における判決理由

1　理由の冒頭部分

本件控訴の趣意は，弁護人甲作成名義〈検察官乙提出〉の控訴趣意書記載のとおりであり，これに対する答弁は，検察官乙作成名義〈弁護人甲作成名義〉の答弁書記載のとおりであるから，これらを引用する。

控訴趣意中量刑不当〈事実誤認，訴訟手続の法令違反，理由不備〉の主張（論旨）について

2　理由の本論部分

(1)　控訴棄却

所論は，要するに，被告人には，本件輸入に係る物品が覚せい剤であるとの認識がなかったのであるから，被告人にその認識があったとして覚せい剤輸入の罪の成立を認めた原判決には，判決に影響を及ぼすことが明らかな事実の誤認があるというのである。しかし，原判決挙示の各証拠によると，被告人は，本件に至るまで，貨物船○○の船員として約20回日本国と○○国との間を往復している者である上，○○国において船員としての教育を受けるに当たり，覚せい罪等の密輸が禁止されていることや関税関係法規等についての知識を得ていることが認められるから，覚せい剤が概ねどのような物品であるかを承知していたと推

अभियुक्त को सज़ा देते समय नरमी से काम लिया जाए। यह परिस्थितियाँ अभियुक्त के पक्ष में समझी गईं।
- लिहाज़ा इन परिस्थितियों को ध्यान में रखने के बाद अदालत फ़ैसले के मुख्य अंश में विहित सज़ा के नतीजे पर पहुँची है।

VI. उच्च-न्यायालय में दायर अपील (कोसो) पर दिए गए फ़ैसलों के आधार

1. आधार का शुरूआती भाग

इस अपील का प्रयोजन बचाव पक्ष के वकील 'क' द्वारा प्रस्तुत अपील के कारणों के सार में दर्ज है (सरकारी अभियोजक 'ख' द्वारा जमा)। तथा इसके प्रति जवाब सरकारी अभियोजक 'ख' द्वारा प्रस्तुत जवाबनामे में दर्ज है (बचाव पक्ष के वकील 'क' द्वारा जमा)।

अपील के कारणों के सार में बयान, अनुचित सज़ा (तथ्य-पहचान में गलती, मुक़द्दमे की कार्यवाही से संबंधित क़ानूनी धाराओं का उल्लंघन, अपर्याप्त आधार) के दावे के बारे में –

2. आधार का मुख्य भाग

(1) अपील को ख़ारिज करना

अपील के कारणों में दलील दी गई है कि : मौलिक फ़ैसले में अभियुक्त उत्तेजक दवा के आयात का अपराधी पाया गया इस आधार पर कि उसे इस बात की जानकारी थी कि कथित पदार्थ उत्तेजक दवा है। जबकि उसे इस प्रकार की जानकारी न थी इसलिए तथ्य के अवलोकन में भूल हुई है। और स्पष्ट है कि मौलिक फ़ैसला प्रभावित हुआ है।

लेकिन पूर्व अदालत के मौलिक फ़ैसले में विहित सबूतों के अनुसार इस अदालत ने पाया कि अभियुक्त ----- नामक माल ढोने के समुद्री जहाज़ का नाविक है तथा ----- देश व जापान के बीच 20 बार आ-जा चुका है। उसने ----- देश में नाविक का प्रशिक्षण प्राप्त किया है तथा उत्तेजक दवा की तस्करी पर पाबंदी व कस्टम के नियमों से भली-भाँति परिचित है। इसलिए यह अनुमान लगाया जाता है कि अभियुक्त को जानकारी थी कि उत्तेजक दवा किस प्रकार का पदार्थ है। इस स्थिति में, अगर

認されるところである。そして，このことを前提として，甲から本件物品の運搬を依頼された際の物品の運搬ないし引渡しの方法についての指示内容が極めて密行性を帯びたものであったこと，被告人は本件物品がビニール製5袋に分けられた白色の結晶状を呈した物質であることを確認していること，搬入の手段，方法が覚せい剤等を持ち込む際によく行われる典型的な隠匿運搬方法を採っていること，その他本件発覚前後の証拠隠滅工作，被告人の捜査官に対する供述の内容等記録によって認められる諸事情をも考え合わせると，本件物品が覚せい剤であるとは知らなかったという被告人の弁解は到底信用できるものではなく，本件輸入の際，被告人は本件物品が覚せい剤であるとの認識を有していたと認めるのが相当である。

したがって，原判決がその挙示する各証拠を総合して原判示事実を認定したことは相当であり，原判決に事実誤認はないから，論旨は理由がない。

(2) 破棄自判

所論は，要するに，被告人を禁錮1年6月に処した原判決の量刑は重すぎて不当であるというのである。

記録によれば，本件事故は，被告人が前車の発進に気を許し左方の安全を確認することなく発進進行した過失により，折から横断歩道上を自転車に乗って進行していた被害者に自車を衝突転倒させ死亡させたというものであって，過失及び結果の重大性にかんがみると，所論指摘の被告人に有利な事情を十分考慮しても，原判決の量刑は，その宣

अभियुक्त यह बयान दे कि वह नहीं जानता था कि ऊपर बताई गई वस्तु उत्तेजक दवा है, उसपर यकीन नहीं किया जाएगा, क्योंकि जब 'क' ने अभियुक्त को विदित वस्तु ले जाने के लिए कहा तो उसने इसकी ढुलाई तथा पहुँचाने से संबंधित जो निर्देश दिए थे वे बेहद गोपनीय निर्देश थे। दूसरे, अभियुक्त ने देखा कि विदित वस्तु सफ़ेद क्रिस्टलीय वस्तु है, जो 5 छोटी पालिथीन की थैलियों में है। तीसरे, विदित वस्तु को जापान में लाने का तरीका वैसा ही रहस्यमय था, जो आमतौर पर विशेष रूप से उत्तेजक दवाओं की तस्करी में प्रयुक्त होता है। चौथा, पकड़े जाने से पहले और बाद में अभियुक्त द्वारा सबूतों को नष्ट करने की चेष्टा तथा जाँच अधिकारियों को दिये गए बयान में तथ्यों को छुपाने की कोशिश के रिकार्ड से भी यह साबित होता है कि अभियुक्त को आयात के समय इस तथ्य की जानकारी थी कि विदित वस्तु उत्तेजक दवा है। इसलिए अदालत इस नतीजे पर पहुँची है कि मौलिक फ़ैसले में वर्णित सबूतों पर आधारित तथ्य का सही अवलोकन किया गया है तथा इसमें कोई गलती नहीं हैं। इसलिए इसपर अपील निराधार है।

(2) फ़ैसला रद्द करना तथा नया फ़ैसला सुनाना

अपील के कारणों में दलील दी गई है कि : इस मामले में मौलिक फैसले में दी गई, एक साल एवं छः महीने की सश्रम कारावास की सज़ा अत्यंत कठोर और अनुचित है। रिकार्ड के अनुसार इस केस की घटनाएँ इस प्रकार थीं:

अभियुक्त ने अगली गाड़ी स्टार्ट होने के साथ अपनी गाड़ी भी स्टार्ट की और सड़क सुरक्षा पर बिना ध्यान दिये गाड़ी चलाने की लापरवाही के कारण एक साइकिल सवार को, जो एक पैदल पार पथ पर जा रहा था, टक्कर मार कर गिरा दिया, जिससे उसकी मृत्यु हो गई। लापरवाही तथा नतीजे की जघन्यता को देखा जाए, तो अभियुक्त के पक्ष में किये

告時においては相当であったと認めることができる。

しかし，当審事実取調べの結果によれば，原判決後，被害者の遺族との間に，さらに任意保険等から・・・・・合計２０００万円を支払うことで示談が成立していること，示談の成立に伴い被害感情は一層和らぎ，被害者の遺族から寛大な処分を望む旨の上申がなされるに至っていることなどの事情が認められ，これによれば，原判決の量刑は，現時点においては刑の執行を猶予しなかった点において重きに失し，これを破棄しなければ明らかに正義に反するといわなければならない。

3 法令の適用部分

(1) 控訴棄却

よって，刑訴法３９６条により本件控訴を棄却し，刑法２１条により当審における未決勾留日数中５０日を原判決の刑に算入し，当審における訴訟費用は刑訴法１８１条１項本文を適用して被告人に負担させることとし，主文のとおり判決する。

(2) 破棄自判

よって，刑訴法３９７条２項により原判決を破棄し，同法４００条ただし書により更に次のとおり判決する。

原判決が認定した罪となるべき事実に原判決と同一の法令を適用（科刑上一罪の処理，刑種の選択を含む。）し，その刑期の範囲内で被告人を懲役２年１０月に処し，刑法２１条により原審における未決勾留日数中５０日をその刑に算入し，原審及び当審における訴訟費用は刑訴法１８１

गए दावों पर बख़ूबी गौर करने के बावजूद भी यह माना जा सकता है कि मौलिक फ़ैसले की सुनवाई के समय सज़ा उचित थी।

परन्तु इस अदालत द्वारा तथ्यों की जाँच पर यह पाया गया कि मौलिक फ़ैसले के बाद पीड़ित के परिवार तथा अभियुक्त पक्ष के बीच, वैकल्पिक इंश्योरेन्स इत्यादि की रकम को मिलाकर कुल 2 करोड़ येन के भुगतान पर समझौता हो गया है तथा इस समझौते से पीड़ित के परिवारजनों का दुःख और कम हुआ है। पीड़ित के परिवारजनों ने भी इच्छा प्रकट की है कि अदालत नरम रवैया अपनाए। वर्तमान में ऐसी स्थिति के बावजूद भी, क्योंकि मौलिक फ़ैसले में अदालत ने अभियुक्त की सज़ा-निष्पादन का निलंबन नहीं किया है, इस लिहाज़ से यह मानना पड़ेगा कि मौलिक फ़ैसला अत्यधिक सख्त है, और अगर इस फ़ैसले को रद्द नहीं किया गया तो यह सरासर अन्याय होगा।

3. **क़ानून तथा अध्यादेशों को लागू करना**
   (1) अपील को ख़ारिज करना

   इसलिए दण्ड प्रक्रिया संहिता की दफ़ा 396 के तहत इस अपील को ख़ारिज किया जाता है। दण्ड संहिता की धारा 21 के अनुसार इस अदालत में सुनवाई के दौरान बीते हिरासती दिनों में से 50 दिन, पिछले मौलिक फ़ैसले के द्वारा दी गई कारावास अवधि में से घटाए जाएंगे। दण्ड प्रक्रिया संहिता की धारा 181(1) के प्रमुख अनुच्छेद का प्रयोग करते हुए यह अदालत, अभियुक्त को इस अदालत की कार्यवाही के खर्च की अदायगी का आदेश देती है। इस प्रकार अदालत के मुख्य अंश के अनुरूप फ़ैसला सुनाती है।

   (2) फ़ैसला रद्द करना तथा नया फ़ैसला सुनाना

   इसलिए यह अदालत दण्ड प्रक्रिया की धारा 397(2) के अनुसार मौलिक फ़ैसले को रद्द करती है और इसी क़ानून की धारा 400 के प्रतिबंधित अनुच्छेद के अनुसार निम्न फ़ैसला सुनाती है:

   यह अदालत भी मौलिक फ़ैसले में वर्णित आपराधिक तथ्यों से सहमत है तथा वही क़ानून व अध्यादेश लागू करती है (जिनमें सज़ा के लिए कई अपराधों को एक मानना और सज़ा की किस्म का चयन भी शामिल है) और सज़ा के लिए निर्धारित अवधि की सीमा के अंतर्गत अभियुक्त को 2 वर्ष 10 महीने सश्रम कारावास की सज़ा सुनाती है। दण्ड संहिता की धारा 21 के अनुसार पूर्व अदालत में सुनवाई के दौरान बीते हिरासती दिनों में से 50 दिन इस सज़ा से घटाए जाएंगे तथा दण्ड प्रक्रिया संहिता की धारा 181(1) के प्रतिबंधित अनुच्छेद का प्रयोग करते

条1項ただし書を適用して被告人に負担させないこととし，主文のとおり判決する。
- (3) 破棄差戻し

　よって，刑訴法397条1項，377条3号により原判決を破棄し，同法400条本文により本件を原裁判所である○○簡易裁判所に差し戻すこととし，主文のとおり判決する。

हुए यह अदालत, अभियुक्त को पूर्व अदालत तथा इस अदालत में कार्यवाही के खर्च की अदायगी से बरी करती है। इस प्रकार अदालत मुख्य अंश के अनुरूप फ़ैसला सुनाती है।

(3) मौलिक फ़ैसले को रद्द करना तथा केस को फिर से निचली अदालत में प्रतिप्रेषित करना

इसलिए दण्ड प्रक्रिया संहिता की धारा 397(1) तथा 377-3 के अनुसार मौलिक फ़ैसले को रद्द किया जाता है तथा इसी क़ानून की धारा 400 के प्रमुख अनुच्छेद के अनुसार केस को वापस ----- संक्षिप्त (सरसरी) अदालत (जहाँ मुक़द्दमे की मौलिक सुनवाई हुई थी) में भेजा जाता है। इस प्रकार अदालत मुख्य अंश के अनुरूप फ़ैसला सुनाती है।

第4編

法律用語等の対訳

第4編　法律用語等の対訳
第1章　法律用語の対訳

【あ 行】

日本語	ヒンディー語
・相被告人［共同被告人］	・सह-अभियुक्त
・あおる	・उकसाना
・アリバイ	・अन्यत्र होना
・アルコール中毒	・शराबी, शराब का लती
・言い渡す	・उद्घोषित करना, उच्चारित करना
・異議	・आपत्ति
・異議の申立て	・आपत्ति उठाना, आपत्ति करना
・意見陳述	・मत प्रकट करना
・移送（被告事件の）	・अंतरण (आपराधिक मुकद्‍मे का)
・移送（被告人の）	・अंतरण (अभियुक्त का)
・一事不再理	・जिन केसों पर अदालती फ़ैसले पहले ही अंतिम रूप में हो चुके हैं, उनके विषय में अभियोजन के शुरू करने पर प्रतिबंध (जापानी संविधान के अनुच्छेद ३९ के अंतर्गत)
・遺伝	・आनुवांशिक
・居直り強盗	・पहचान होने पर चोर द्वारा हमला या हिंसा की धमकी देना
・違法収集証拠	・अवैध रूप से हासिल सबूत
・違法性	・अवैध तरीके से
・違法性阻却事由	・अवैधता को नकारते कारण; न्यायसंगत कारण
・医療刑務所	・चिकित्सा जेल: कैदियों के लिए चिकित्सा उपचार सुविधा
・医療の終了	・चिकित्सकीय उपचार का समापन
・因果関係	・कार्य-कारण संबंध; कारण और परिणाम संबंध
・因果関係の中断	・कार्य-कारण संबंध में रुकावट

法律用語【あ・か行】

・インターネット異性紹介事業	・इंटरनेट डेटिंग सेवा
・引致	・संदिग्ध व्यक्ति (अभियुक्त, गवाह) को निर्दिष्ट जगह लाना
・隠匿する	・छुपाना
・員面調書	・न्यायिक पुलिस अधिकारी के सामने और उसके द्वारा दर्ज बयान
・うそ発見器	・असत्य संसूचक (लाय डिटेक्टर); पोलीग्राफ़
・疑うに足りる相当な理由	・संदेह के लिए पर्याप्त कारण
・写し	・कॉपी
・うつ病	・मानसिक उदासी; मानसिक खिन्नता
・営業秘密	・व्यापारिक रहस्य
・営利の目的	・लाभ कमाने का उद्देश्य
・閲覧する	・ध्यान से पढ़ना; अवलोकन करना
・えん罪	・झूठा इलज़ाम
・援用	・उद्धरण; हवाला
・押印	・मोहर
・押収	・कब्ज़े में लेना; ज़ब्ती
・押収物	・ज़ब्त वस्तु; कब्ज़े में ली गई वस्तु
・汚職	・भ्रष्टाचार
・おとり捜査	・गुप्त एजेन्ट द्वारा जाँच-पड़ताल
・恩赦	・राजक्षमा; माफ़ी

【か 行】

・戒護	・सुरक्षित रखना (विशेषतः बंदीगृहों में)
・改ざんする	・बदल देना; परिवर्तित करना
・開示	・प्रकटीकरण; सार्वजनिक बनाना
・改悛の情	・पश्चाताप; मनःपीड़ा
・外傷性	・बाहरी ज़ख्म; मानसिक तौर पर सदमाजनक
・海上保安庁	・तटीय सुरक्षा

法律用語【か行】

・海上保安留置施設	・तटीय सुरक्षा बल के कैदीगृह की व्यवस्था
・開廷	・अदालती कार्यवाही का शुरु होना
・回答書	・उत्तर; जवाब
・外務省	・विदेश मंत्रालय
・科学警察研究所（科警研）	・राष्ट्रीय पुलिस विज्ञान अनुसंधान संस्थान
・覚せい剤	・उत्तेजक औषधि; एमफिटमाइन; मिथामफिटमाइन
・覚せい剤中毒者	・उत्तेजक औषधि व्यसनी (का आदी); उत्तेजक औषधि व्यसन से पीड़ित व्यक्ति
・確定	・अंतिम होना; निश्चित होना
・確定判決	・अंतिम निर्णय; अंतिम फ़ैसला
・科刑上一罪	・सज़ा देने के प्रयोजन के लिए अनेक अपराधों को एक मानना; वैचारिक इकहरा अपराध
・過失	・लापरवाही
・過失犯	・लापरवाही से हुआ अपराध; बेख़बर अपराधी
・過剰避難	・अधिशक्ति के प्रयोग द्वारा नज़दीकी संकट का निवारण करना; आपात स्थिति में अधिशक्ति के प्रयोग से खतरे को टालना
・過剰防衛	・आत्मरक्षा के अधिकार का अतिक्रमण
・加重	・अप्रवृद्धि; बिगाड़
・家庭裁判所（家裁）	・परिवार न्यायालय
・家庭裁判所調査官	・परिवार न्यायालय का जाँच अधिकारी
・可罰的違法性	・दण्डयोग्य अवैधता
・仮釈放	・पैरोल
・仮納付	・अस्थायी भुगतान
・仮放免	・अस्थायी रिहाई
・過料	・प्रशासनिक जुर्माना
・科料	・मामूली जुर्माना
・簡易公判手続	・संक्षिप्त विचारण

法律用語【か行】

日本語	ヒンディー語
・簡易裁判所（簡裁）	・संक्षिप्त (सरसरी) न्यायालय
・姦淫	・मैथुन; संभोग
・管轄	・क्षेत्राधिकार
・管轄違い	・अधिकार क्षेत्र नहीं होना
・間接事実	・अप्रत्यक्ष तथ्य
・間接証拠	・अप्रत्यक्ष प्रमाण
・間接正犯	・अप्रत्यक्ष मुख्य अपराधी
・監置	・अदालत द्वारा आदेशित कारावास
・鑑定	・विशेषज्ञ प्रमाण; विशेषज्ञ मत; विशेषज्ञ जाँच
・鑑定証人	・विशेषज्ञ गवाह
・鑑定嘱託書	・विशेषज्ञ जाँच के लिए प्रार्थना-पत्र
・（鑑定その他）医療的観察	・विशेषज्ञ परीक्षण एवं अन्य चिकित्सकीय संप्रेक्षण
・鑑定手続実施決定	・विशेषज्ञ परीक्षण को लागू करने वाले निर्णय
・鑑定入院命令	・विशेषज्ञ परीक्षण के लिए अस्पतान में भर्ती करने का जज का निर्देश
・鑑定人	・विशेषज्ञ
・鑑定留置	・विशेषज्ञ जाँच हेतु अदालत द्वारा आदेशित कारावास (हिरासत)
・観念的競合	・समकालीन अपराध; धारणा संबंधी समकालीन अपराध
・還付	・ज़ब्त मदों की वापसी; कब्ज़े में ली गई वस्तुओं की वापसी
・管理売春	・वैश्यावृत्ति का संचालित व्यवसाय
・期間	・अवधि; सत्र
・棄却する	・ख़ारिज करना; रद्द करना
・偽計	・कपटपूर्ण साधन; कपटी योजना
・期日	・तिथि; मुकद्दमे की तिथि
・期日間整理手続	・विचारण की अंतरिम विचार-सभा प्रक्रिया

—130—

法律用語【か行】

日本語	ヒンディー語
・期日間整理手続調書	・विचारण की अंतरिम विचार-सभा प्रक्रिया का रिकार्ड
・既遂	・अपराध की निष्पत्ति; अपराध को सर अंजाम देना
・偽造	・जालसाज़ी; कूटकारी
・起訴事実	・अभ्यारोपित तथ्य; आरोप; इलज़ाम
・起訴状	・अभियोग पत्र; आरोप पत्र
・起訴状の訂正	・अभियोग पत्र में संशोधन
・起訴する	・अभियोग चलाना; अभियोग पत्र दायर करना
・起訴猶予	・अभियोजन का निलंबन
・既判力	・मामले के निपटारे हेतु किए गए अंतिम फ़ैसले का प्रभाव
・忌避	・चुनौती (उदाहरणतः एक न्यायाधीश की योग्यता को चुनौती देना); अयोग्यता
・基本的人権	・मौलिक मानवीय अधिकार
・欺罔する（欺く）	・धोखा देना
・客体の錯誤	・विषय (अपराध के) की भूल
・却下する	・रद्द करना; ख़ारिज करना
・求刑	・सज़ा के बारे में अभियोजक का मत; सज़ा की मांग
・急迫の危険	・आसन्न संकट
・急迫不正の侵害	・आसन्न संकट एवं अनुचितता के सिद्धांत का उल्लंघन
・恐喝する	・धमकाना; बाध्य करना; ऐंठना
・凶器	・खतरनाक हथियार
・教唆する	・लुभाना; उकसाना; फुसलाना; उत्तेजित करना
・供述	・बयान
・供述拒否権	・बयान (गवाही) देने से मना करने का अधिकार
・供述書	・लिखित बयान

法律用語【か行】

日本語	ヒンディー語
・供述調書	・जाँचकर्ता द्वारा दर्ज ज़ुबानी बयान का रिकार्ड; दर्ज बयान
・供述の任意性	・बयान की स्वैच्छिकता
・強制送還	・देश-निकाला
・強制捜査	・अनिवार्य जाँच-पड़ताल
・共同正犯	・सह-अपराधी
・共同被告人	・सह-अभियुक्त
・共同暴行	・एक से ज़्यादा अपराधियों द्वारा हिंसा या आक्रमण
・脅迫する	・धमकी देना; डराना
・共犯	・सह-अपराधी
・共謀	・षड़यंत्र; साज़िश
・共謀共同正犯	・सह-षड़यंत्रकारी; षड़यंत्र में सह-प्रमुख
・業務上過失	・कार्य निष्पादन (व्यवसाय संचालन) में लापरवाही
・業務上の注意義務	・कार्य निष्पादन (व्यवसाय संचालन) में सावधानी बरतने का कर्त्तव्य
・挙証責任	・अपना दावा सिद्ध करने की बाध्यता
・緊急逮捕	・आपात स्थिति में वारंट-रहित गिरफ़्तारी
・緊急避難	・नज़दीकी ख़तरे का निवारण करना; आपातस्थिति में आवश्यक उपाय; आपातकालीन शरण
・禁錮	・जेल; बेगार के बिना जेल; श्रम-रहित जेल
・禁制品	・निषिद्ध सामग्री; निषिद्ध माल
・区	・वार्ड
・区検察庁（区検）	・स्थानीय सरकारी अभियोजक कार्यालय
・区分審理	・नागरिक-जज व्यवस्था के अंतर्गत एक ही व्यक्ति के ख़िलाफ़ आरोपित एक से अधिक मुक़द्दमों की प्रक्रियाओं का पृथक्करण

・刑期	・केद की अवधि
・警告	・चेतावनी; सावधान करना
・警察署	・थाना
・警察庁	・राष्ट्रीय पुलिस एजेंसी
・警察庁次長	・राष्ट्रीय पुलिस एजेंसी का उपमहाआयुक्त
・警察庁長官	・राष्ट्रीय पुलिस एजेंसी का महाआयुक्त
・警視	・पुलिस अधीक्षक
・警視監	・वरिष्ठ पुलिस अधीक्षक
・刑事施設	・दाण्डिक सुविधा; जेल/कारावास
・刑事収容施設	・दाण्डिक अवरोधक सुविधा
・刑事処分	・दण्ड विधान (कार्यवाही)
・警視正	・वरिष्ठ पुलिस अधीक्षक
・刑事責任	・आपराधिक ज़िम्मेदारी (उत्तरदायित्व)
・警視総監	・महानगर पुलिस का महाअधीक्षक
・刑事第１部	・आपराधिक प्रभाग सं.-1
・警視庁	・महानगर पुलिस विभाग
・警視長	・मुख्य अधीक्षक
・刑事未成年者	・दण्ड संहिता के अंतर्गत एक नाबालिग
・刑の量定に影響を及ぼす情状	・सज़ा-निर्धारण को प्रभावित करते हालात
・刑罰	・सज़ा; दण्ड
・頚部	・गर्दन; ग्रीवा
・警部	・पुलिस निरीक्षक
・警部補	・सहायक पुलिस निरीक्षक
・刑務官	・कारागार अधिकारी
・刑務所	・कारागार
・刑務所長	・वार्डन
・結果回避義務	・परिणाम को टालने का कर्तव्य
・欠格事由	・अयोग्यता के लिए आधार
・結果的加重犯	・परिणाम के रूप में गंभीरतर अपराध

法律用語【か行】

日本語	ヒンディー語
・結審する	・मुकद्दमे की सुनवाई को समाप्त करना
・決定	・निर्णय; आदेश
・県	・ज़िला
・原因において自由な行為	・कारण के विषय में स्वैच्छिक कार्य
・厳格な証明	・ठोस सबूत
・県警察本部	・ज़िला पुलिस मुख्यालय
・現行犯	・वारदात के मौके पर पकड़ा गया अपराधी (अपराध); घोर अपराध (अपराधी)
・現行犯人逮捕手続書	・वारदात के मौके पर पकडे गए अपराधी की गिरफ़्तारी रिपोर्ट
・原裁判所	・प्रारंभिक अदालत; निचली अदालत
・検察官	・सरकारी अभियोजक
・検察官請求証拠	・सरकारी अभियोजक द्वारा आवेदित साक्ष्य
・検察事務官	・सरकारी अभियोजक का सहायक अधिकारी
・検察審査員	・अभियोजन की जाँच के लिए गठित समिति के सदस्य
・検察審査会	・अभियोजन की जाँच के लिए गठित समिति
・検視	・शव की जाँच; पोस्टमार्टम
・検事	・सरकारी अभियोजक
・検事正	・ज़िला सरकारी अभियोजक कार्यालय का प्रमुख
・検事総長	・महाअभियोजक
・検事長	・अधीक्षण अभियोजक
・現住建造物	・आबाद इमारत
・検証	・(ज़रूरी) जाँच
・検証調書	・(ज़रूरी) जाँच का रिकार्ड
・原審	・प्रारंभिक (निचली) अदालत में मुकद्दमे की सुनवाई
・原審弁護人	・प्रारंभिक (निचली) अदालत में बचाव पक्ष का वकील

法律用語【か行】

・限定責任能力	・सीमित आपराधिक दायित्व
・原判決	・मौलिक फ़ैसला; निचली अदालत द्वारा दिया गया फ़ैसला
・憲法違反	・संविधान का उल्लंघन; असंवैधानिकता
・原本	・मूल प्रति
・検面調書	・अभियोजन के सामने व उसके द्वारा दर्ज बयान
・権利保釈	・अनिवार्य ज़मानत
・牽連犯	・संबंधित अपराध; साधन-नतीजा संबंध अपराध
・故意	・इरादा; मंशा
・合意書面	・सहमति का दस्तावेज़
・勾引状	・प्रस्तुति वारंट; पेश करने हेतु वारंट
・勾引する	・अपराधी (गवाह) को ज़रूरी रूप में एक निर्दिष्ट जगह पर लाना
・合議体	・बहु-न्यायाधीश तालिका
・公共職業安定所（職安）	・जन रोज़गार सुरक्षा कार्यालय
・抗拒不能	・विरोध करने में अयोग्य; रक्षाहीन
・後見監督人	・संरक्षक का पर्यवेक्षक
・後見人	・संरक्षक
・抗告	・अदालती आदेशों के ख़िलाफ़ अपील करना
・抗告裁判所	・अपील अदालत
・抗告の趣旨	・अपील का मुख्यबिंदु
・抗告の取下げ	・अपील को वापस लेना; अपील का प्रत्याहरण
・公使	・मंत्री (दूतावास में)
・強取する	・लूटना
・公序良俗	・सार्वजनिक व्यवस्था और अच्छा आचरण
・更新する	・नवीन करना; नवीकरण
・更生	・पुनर्वासन; सुधार (अपराधी का)
・更正決定	・संशोधन का फ़ैसला

法律用語【か行】

・構成裁判官	・नागरिक-जज प्रभारी (इंचार्ज)
・構成要件	・अपराध के संरचनात्मक (घटक) तत्त्व
・厚生労働省	・स्वास्थ्य, श्रम एवं कल्याण मंत्रालय
・厚生労働大臣	・स्वास्थ्य, श्रम एवं कल्याण मंत्री
・控訴	・उच्च न्यायालय में अपील (कोसो अपील); निचली अदालत के फ़ैसले के ख़िलाफ़ अपील
・公訴	・अभियोजन; अभ्यारोपण
・公訴棄却	・अभियोजन को ख़ारिज करना; अभियोजन रद्द करना
・控訴棄却	・उच्च-न्यायालय अपील (कोसो अपील) को रद्द करना
・公訴権濫用	・अभियोजन संबंधी अधिकार का दुरुपयोग
・控訴裁判所	・उच्च-न्यायालय अपील (कोसो अपील) की अदालत
・公訴時効	・अभियोजन पर लगाई गई समय सीमा
・公訴事実	・आपराधिक तथ्य; इलज़ाम; आरोप
・控訴趣意書	・उच्च-न्यालालय अपील (कोसो अपील) के कारणों का सार
・控訴審	・उच्च-न्यालालय अपील (कोसो अपील) की अदालती सुनवाई; कोसो अपील अदालती मुक़द्दमा
・公訴提起	・अभियोग दायर करना
・控訴提起期間	・उच्च-न्यायालय (कोसो अपील) की दायर अवधि
・控訴申立書	・उच्च-न्यायालय (कोसो अपील) के लिए प्रार्थना पत्र
・控訴理由	
・拘置所	・अवरोधन (हिरासत) गृह
・交通切符	・यातायात टिकट
・交通事件原票	・यातायात उल्लंघन का पुलिस रिकार्ड

・交通反則金	・यातायात उल्लंघन जुर्माना
・口頭	・ज़ुबानी पेशकश
・高等検察庁（高検）	・उच्च सरकारी अभियोजक कार्यालय
・高等裁判所（高裁）	・उच्च न्यायालय
・高等裁判所長官	・उच्च न्यायालय का मुख्य न्यायाधीश
・口頭弁論	・ज़ुबानी दलील
・公判期日	・मुक़द्दमे की तारीख
・公判準備	・मुक़द्दमे की तैयारी
・公判調書	・मुक़द्दमे का अभिलेख (रिकार्ड)
・公判廷	・मुक़द्दमे की अदालत
・公判手続	・मुक़द्दमे की कार्यवाही; मुक़द्दमे की प्रक्रिया
・公判前整理手続	・विचारण के पूर्व की विचार-सभा प्रक्रिया
・公判前整理手続期日	・विचारण के पूर्व की विचार-सभा प्रक्रिया के लिए तिथि
・公判前整理手続調書	・विचारण के पूर्व की विचार-सभा प्रक्रिया का रिकार्ड
・交付送達	・निजी सुपुर्दगी; वास्तविक सुपुर्दगी द्वारा (नोटिस इत्यादि) देना
・公文書	・सरकारी दस्तावेज़
・公務員	・सरकारी कर्मचारी
・拷問	・यातना
・公用文書	・सरकारी प्रयोग हेतु दस्तावेज़
・勾留	・हिरासत; नज़रबंदी
・拘留	・दण्ड-विषयक हिरासत; नज़रबंदी
・勾留執行停止	・हिरासत-निष्पादन का अस्थायी निलंबन
・勾留状	・हिरासत का हुक्मनामा; नज़रबंदी का आदेश
・勾留理由開示	・हिरासत के लिए ज़रूरी कारण को उद्घाटित करने हेतु कार्यवाहियाँ
・コカイン	・कोकेन

法律用語【か・さ行】

・呼気アルコール濃度	・साँस में शराब की सघनता
・語気を荒げて	・गुस्सैल (तेज, कर्कश) आवाज़ में
・国外犯	・जापान के बाहर किए अपराध
・国際司法共助	・अंतर्राष्ट्रीय न्यायिक सहायता
・国籍	・राष्ट्रीयता
・国選被害者参加弁護士	・पीड़ित के लिए अदालत द्वारा नियुक्त अटर्नी (क़ानूनविद)
・国選弁護人	・न्यायमित्र
・告訴	・पीड़ित व्यक्ति (या पीड़ित व्यक्ति के रिश्तेदारों) द्वारा की गई शिकायत
・告訴状	・लिखित शिकायत; शिकायत पत्र
・告知する	・सूचना देना; घोषणा करना; व्याख्या देना
・告発	・तीसरे पक्ष द्वारा की गई शिकायत
・告発状	・लिखित शिकायत; शिकायत पत्र
・戸籍抄本	・कुटुंब रजिस्टर की आंशिक नकल
・戸籍謄本	・कुटुंब रजिस्टर की प्रमाणित नकल
・護送	・अनुरक्षक (एस्कार्ट)
・誤想防衛	・गलत आत्मरक्षा; भ्रांतिपूर्ण आत्मरक्षा
・国家公安委員会	・राष्ट्रीय जन सुरक्षा आयोग
・誤判	・गलत फ़ैसला

【さ 行】

・罪刑法定主義	・अपराधी एवं सज़ा पर विधिवादिता का सिद्धांत
・裁決	・(प्रशासनिक) अधिनिर्णय
・最高検察庁（最高検）	・सर्वोच्च सरकारी अभियोजक कार्यालय
・再抗告	・एक ही न्यायालय पर दूसरी अपील
・最高裁判所（最高裁）	・उच्चतम न्यायालय
・最高裁判所長官	・उच्चतम न्यायालय का मुख्य न्यायाधीश
・最高裁判所判事	・उच्चतम न्यायालय का न्यायमूर्ति

法律用語【さ行】

日本語	ヒンディー語
・最終弁論	・आखिरी दलील (बचाव पक्ष की)
・罪証隠滅のおそれ	・सबूत को नष्ट करने या छुपाने का ख़तरा
・罪状認否	・अभियुक्त का आरोपित तथ्य के प्रति जवाब
・再審	・पुनर्विचार; मुकद्मे की पुनर्कार्यवाही
・再審開始決定	・पुनर्विचार (मुकद्मे की पुनर्कार्यवाही) का निर्णय
・再審事由	・पुनर्विचार (मुकद्मे की पुनर्कार्यवाही) का आधार
・罪数	・अपराधों की संख्या
・罪体	・अपराधों का मुख्य भाग; अपराध-तत्त्व निकाय
・在庁略式手続	・संक्षिप्त (सरसरी) कार्यवाही जब अभियुक्त अदालत या सरकारी अभियोजक के कार्यालय के भीतर है
・在廷証人	・अदालत में पाया गया गवाह; अदालत के सामने गवाह का अपनी मर्ज़ी से पेश होना
・再入国許可	・पुनःप्रवेश अनुमति
・採尿手続	・मूत्र संग्रह की कार्यवाही
・再犯	・अपराध का दुबारा होना; दूसरा अपराध
・裁判	・मुकद्मा; सुनवाई
・裁判員	・नागरिक-जज
・裁判員候補者	・नागरिक-जज अभ्यर्थी
・裁判員等選任手続	・नागरिक-जज इत्यादि के चयन की प्रक्रिया
・再犯加重	・दूसरे अपराध के लिए गंभीरतर (संचयी) सज़ा
・裁判官	・न्यायाधीश, जज
・裁判官の面前における供述	・न्यायाधीश के सामने दिया बयान
・裁判権	・क्षेत्राधिकार; न्यायिक अधिकार
・裁判所	・अदालत; न्यायालय
・裁判所事務官	・न्यायालय अधिकारी
・裁判所書記官	・पेशकार; न्यायालय लिपिक (क्लर्क)
・裁判所速記官	・न्यायालय आशुलिपिक
・再反対尋問	・पुनः ज़िरह

法律用語【さ行】

日本語	ヒンディー語
・裁判長	・अधिष्ठाता न्यायाधीश
・裁判を受ける権利	・मुक़द्दमे का अधिकार; अदालतों तक की पहुँच का अधिकार
・財物	・संपत्ति
・罪名	・अपराध का नाम
・在留期間の更新許可	・प्रवास के नवीकरण की अनुमति
・在留資格	・रिहायशी वीज़े की हैसियत (श्रेणी; किस्म)
・在留資格証明書	・रिहायशी वीज़े की हैसियत (श्रेणी; किस्म) का प्रमाणपत्र
・裁量保釈	・विवेकाधीन ज़मानत
・錯誤	・गलती; भूल
・酒酔い・酒気帯び鑑識カード	・नशे का जाँच रिकार्ड; शराब पिये व्यक्ति का जाँच रिकार्ड
・差押え	・ज़ब्ती; कब्ज़े में लेना
・差押調書	・ज़ब्ती; कब्ज़े में लेने की कार्यवाही का रिकार्ड
・差し戻す	・निचली अदालत को वापस भेजना
・査証（ビザ）	・प्रवेश पत्र; वीज़ा
・査証相互免除	・आपसी प्रवेश पत्र (वीज़ा) छूट
・参考人	・आलिस या संबद्धित व्यक्ति (गवाह)
・資格外活動許可	・रिहायशी वीज़े में मंज़ूरशुदा गतिविधियों के अलावा दूसरी गतिविधियाँ करने की अनुमति
・自救行為	・सवावलन्बन/अपनी सहायता
・死刑	・मौत की सज़ा
・事件受理	・केस दाखिल करना
・時効	・समय सीमा
・事後審	・बाद की मुक़द्दमा कार्यवाही, जिसमें कोसो अपील अदालत तथ्य घटित होने के बाद मूल फ़ैसले पर पुनर्विचार करती है
・自己に不利益な供述	・आत्मसंशन

法律用語【さ行】

・自己負罪拒否特権	・स्व-अपराधरोपण के विरुद्ध विशेषाधिकार
・自己矛盾の供述	・स्व-विरोधात्मक बयान
・事実誤認	・तथ्यान्वेषण गलती; तथ्य पहचानने में त्रुटि
・事実審	・तथ्यान्वेषण हेतु मुकद्दमा कार्यवाही
・事実の錯誤	・तथ्य की भूल (गलती)
・事実の取調べをする	・तथ्यों को जाँचना
・自首	・आत्मसमर्पण
・事前準備	・पूर्व-तैयारी
・私選弁護人	・बचाव पक्ष का निजी वकील
・刺創	・वेधन घाव; चाकू का घाव
・死体検案書	・किसी व्यक्ति की मौत को प्रमाणित करती डॉक्टर की रिपोर्ट
・辞退事由	・नागरिक-जज के तौर पर नियुक्ति ख़ारिज करने का आधार
・示談書	・समझौता दस्तावेज़; कोर्ट के बाहर समझौते का दस्तावेज़
・示談する	・समझौता कर लेना; कोर्ट के बाहर समझौता करना
・次長検事	・उप महाअभियोजक
・市町村	・शहर/कस्बा/गाँव; नगरपालिका
・市町村長	・शहर/कस्बा/गाँव नगरपालिका का महापौर (मेयर)
・失火	・लापरवाही के कारण आग
・実況見分調書	・घटनास्थल पर की गई जाँच रिपोर्ट
・実刑	・सज़ा-निष्पादन के निलंबन के बगैर कैद; वास्तविक कैद
・失血死	・रक्त के बहने से मृत्यु (अत्यधिक रक्तस्राव से मृत्यु)
・執行	・निष्पादन; कार्यान्वित करना

法律用語【さ行】

日本語	ヒンディー語
・実行行為	・निष्पादन कार्य; (अपराध इत्यादि) को अंजाम देने की हरकत
・執行停止	・निष्पादन का स्थगन (अस्थायी)
・実行の着手	・निष्पादन कार्य (अपराध इत्यादि) का प्रारंभ; अंजाम देने की हरकत की शुरुआत
・執行猶予	・सज़ा-निष्पादन का निलंबन
・質問票	・प्रश्नावली (नागरिक-जज अभ्यर्थियों के लिए)
・指定医療機関	・अभिहित चिकित्सकीय संस्थान
・指定侵入工具	・घरों में सेंध लगाने/अंतर्वेधन/गृह-भेदन हेतु अभिहित औज़ार
・指定通院医療機関	・बहिर्रोगी उपचार के लिए अभिहित चिकित्सकीय संस्थान
・指定入院医療機関	・अस्पताल उपचार के लिए अभिहित चिकित्सकीय संस्थान
・刺突	・घोंपना
・児童買春	・बाल-वेश्यावृत्ति
・自白	・संस्वीकृति
・自費出国	・अपने खर्च पर देश छोड़ना
・事物管轄	・विषय-वस्तु क्षेत्राधिकार
・司法警察員	・न्यायिक पुलिस अधिकारी
・司法警察職員	・न्यायिक पुलिस कर्मचारी (न्यायिक पुलिस कार्मिक)
・司法巡査	・न्यायिक पुलिस कांस्टेबल
・死亡診断書	・मौत का प्रमाण पत्र
・始末書	・लिखित क्षमायाचना
・氏名照会回答書	・पहचान संबंधी पूछताछ का जवाब
・指紋照会回答書	・अंगुली-छाप संबंधी पूछताछ का जवाब
・社会通念	・आम सामाजिक मानदण्ड; जनसाधारण धारणा
・社会的相当行為	・सामाजिक तौर पर न्यायसंगत कार्य

法律用語【さ行】

・社会に復帰することを促進する	・सामाजिक पुनर्वासन को बढ़ावा देना
・社会復帰調整官	・सामाजिक पुनर्वासन समन्वयक
・釈放	・हिरासत से रिहाई
・釈明	・स्पष्टीकरण
・酌量減軽	・विवेकाधीन लघुकरण; विवेकाधीन कमी (सज़ा की)
・写真撮影報告書	・फोटो सहित जाँच-रिपोर्ट
・遮へい	・ओट; पनाह
・重過失	・गंभीर लापरवाही (गलती)
・収容	・दंडात्मक (सुधार) संस्था में डालना
・住居	・रिहाइश; आवास-स्थान
・就職禁止事由	・नागरिक-जज के लिए अयोग्यता के आधार
・囚人	・बंदी; कैदी
・自由心証主義	・सबूत के प्रमाणक मूल्य के विषय में न्यायाधीश के मुक्त विवेक का सिद्धांत
・周旋する	・मध्यस्थता करना; बिचौलिया बनना
・重大な事実の誤認	・तथ्य पहचानने में भारी (घातक) भूल
・(重大な) 他害行為	・अन्य लोगों को (गंभीर) हानि पहुँचाने वाला कर्म
・自由な証明	・स्वतंत्र सबूत; सबूत स्थापित करने हेतु उदार कार्यवाही
・従犯	・सहायक-अपराधी; अपराध में सहायता
・主観的違法要素	・अवैधता के व्यक्तिपरक कारक
・酒気帯び	・शराब पीकर; शराब के नशे में
・主刑	・मुख्य सज़ा
・受刑者	・कैदी जो सज़ा काट रहा है
・主尋問	・मुख्य पूछताछ
・受訴裁判所	・अदालत जहाँ मुकद्दमा दर्ज किया गया है
・受託裁判官	・अधियाचित न्यायाधीश
・出国命令	・निर्वासन (देश निकाला) का आदेश

法律用語【さ行】

・出頭	・पेशी
・出頭命令	・पेशी का आदेश
・出入国記録	・आप्रवास लेखा; इमीग्रेशन रिकार्ड
・主任弁護人	・मुख्य बचाव पक्ष वकील
・主犯	・मुख्य अपराधी
・主文（判決主文）	・फैसले के मुख्य अंश
・受命裁判官	・अधिकृत न्यायाधीश
・主要事実	・मुख्य तथ्य
・準起訴手続	・अर्ध-अभियोजन प्रक्रिया (अदालत अभियोक्ता का काम हाथ में लेती है और केस के अब्यारोपन के बारे में निर्णय करती है)
・準抗告	・अर्ध अपील
・巡査	・पुलिस कांस्टेबल
・巡査長	・वरिष्ठ कांस्टेबल
・巡査部長	・पुलिस हवलदार
・遵守事項	・पालन हेतु निर्देश
・照会	・पूछताछ
・傷害	・शारीरिक चोट
・召喚	・तलबी; सम्मन
・召喚状	・तलबनामा; सम्मन का हुक्मनामा
・召喚する	・बुला भेजना; सम्मन करना
・情況（状況）証拠	・पारिस्थितिजन्य प्रमाण
・証言	・गवाही
・証拠	・सबूत; प्रमाण
・証拠開示	・प्रमाणों का प्रकटीकरण
・上告	・सर्वोच्च न्यायालय को की गई अपील
・上告趣意書	・सर्वोच्च न्यायालय अपील (जोकोकु अपील) के कारणों का सार
・上告審	・सर्वोच्च न्यायालय (जोकोकु अपील)की सुनवाई

・上告理由	・सर्वोच्च न्यायालय को की गई अपील (जोकोकु अपील) हेतु आधार
・証拠決定	・प्रमाणों की स्वीकृति के विषय में निर्णय
・証拠書類	・दस्तावेज़ी सबूत
・証拠調べ	・सबूतों की जाँच-पड़ताल
・証拠資料	・प्रामाणिक सामग्री
・証拠説明	・प्रमाण का वर्णन
・証拠等関係カード	・प्रमाण इत्यादि का कार्ड
・証拠能力	・प्रमाण योग्यता
・証拠の提示	・साक्ष्य का प्रस्तुतीकरण
・証拠の標目	・प्रमाणों की सूची
・証拠排除	・साक्ष्य में नहीं लेना
・証拠物	・भौतिक प्रमाण; प्रत्यक्ष प्रमाण
・証拠方法	・प्रमाणीकरण की विधि; वह वस्तु जो प्रमाण के तौर पर इस्तेमाल हो सकती है
・証拠保全	・प्रमाणों का संरक्षण
・常習性	・व्यसन; आदीपन
・常習犯	・अपराध व्यसन; अपराध व्यसनी; नित्य अपराधी
・情状	・अपराध के इर्द-गिर्द के हालात
・情状酌量	・लघुकारी परिस्थितियाँ जिनके आधार पर सज़ा में कमी हो सकती है
・上申書	・लिखित बयान (याचिका)
・上訴	・अपील
・上訴権者	・अपील का अधिकार रखने वाला व्यक्ति; अधिकार सहित अपीलकर्ता
・上訴裁判所	・अपील अदालत
・上訴趣意書	・अपील हेतु कारणों का सार
・上訴提起期間	・अपील दायर करने की अवधि

法律用語【さ行】

・上訴の取下げ	・अपील वापस लेना
・上訴の放棄	・अपील का परित्याग (त्याग)
・焼損する	・जलाकर हानि पहुँचाना
・証人	・गवाह
・証人尋問	・गवाह से पूछताछ
・証人尋問調書	・गवाह की पूछताछ का रिकार्ड
・少年	・किशोर; नाबालिग
・少年院	・किशोर प्रशिक्षण संस्था (सुधार-गृह); सुधारात्मक संस्था
・少年刑務所	・किशोर जेल
・条文	・अनुच्छेद; धारा
・小法廷	・सर्वोच्च न्यायालय की छोटी बेन्च
・抄本	・सारांश; आंशिक नकल
・証明予定事実	・प्रमाणित किये जाने वाले तथ्य
・証明力	・प्रमाणक क्षमता
・条約	・संधि
・上陸拒否事由	・अवतरण (लैंडिंग) से मनाही के लिए कारण
・条例	・(नगर निगम) अध्यादेश, उप-नियम
・処遇事件	・विचाराधीन मामला
・嘱託する	・कार्यभार सुपुर्द करना (पार्ट-टाइम);
・職務質問	・पुलिस जवाब-तलब
・職務従事予定期間	・नागरिक-जज के कार्य में लगने की अनुसूचित अवधि
・所持品検査	・निजी-संपत्ति की पुलिस-जाँच
・書証	・दस्तावेज़ी प्रमाण
・除斥	・केस में से न्यायाधीश का वैधानिक बहिष्करण; न्यायाधीश को अयोग्य ठहराना
・処断する	・सज़ा देना; कार्यवाही निश्चित करना; निपटाना
・職権	・पद-अधिकार

・職権証拠調べ	・प्रमाण की पदाधिकारिक जाँच
・職権調査	・पदाधिकारिक जाँच
・職権保釈	・पदाधिकारिक ज़मानत
・職権濫用	・पदाधिकार का दुरुपयोग
・処罰条件	・सज़ा की शर्त
・初犯	・पहला अपराध
・署名	・हस्ताक्षर
・資力申告書	・आर्थिक साधनों की रिपोर्ट
・信義則	・आस्था और निष्ठा का सिद्धांत
・人権擁護局	・मानव अधिकार संरक्षण कार्यालय
・親告罪	・अपराध, जिनके लिए अभियोजन पीड़ित द्वारा शिकायत दर्ज करने पर आधारित है
・審査補助員	・अभियोजन अनुसंधान समिति का सहायक
・心証	・अनुमान; प्रभाव
・身上照会回答書	・व्यक्तिगत पृष्ठभूमि पर पूछताछ का जवाब
・心神耗弱	・दिमागी-कमज़ोरी; अर्ध-मूर्खता
・心神喪失	・पागलपन
・審尋	・परिप्रश्न; पूछताछ
・人身取引	・मानवी दुर्व्यापार
・真正な	・वास्तविक; असली
・親族相盗	・संबंधियों के ख़िलाफ़ की गई चोरी
・身体検査	・शारीरिक तलाशी और जाँच
・身体検査令状	・शारीरिक तलाशी और जाँच हेतु वारंट
・診断書	・डाक्टरी प्रमाण-पत्र; मेडिकल रिपोर्ट
・人定質問	・पहचान के लिए अभियुक्त से सवाल
・シンナー	・पेंट थिनर
・審判	・सुनवाई; विचारण
・審判期日	・सुनवाई की तिथि
・審判調書	・सुनवाई की रिपोर्ट

・尋問事項	・जाँच (सवालात) हेतु विषय (सामग्री)
・尋問する	・प्रश्न करना; पूछताछ करना
・信用性	・विश्वसनीयता
・信頼の原則	・विश्वसनीयता का सिद्धांत
・審理不尽	・समय से पहले निर्णय; विषयों को बिना जाँचे छोड़ना
・推定する	・मान लेना; परिकल्पित करना; अनुमान लगाना
・性格異常	・चारित्रिक असमानता
・生活環境	・माहौल
・税関	・सीमा-शुल्क कार्यालय
・請求による裁判員等の解任	・आवेदन द्वारा नागरिक-जज इत्यादि का हटाया जाना
・正式裁判	・औपचारिक मुकद्दमा
・正式裁判請求	・औपचारिक मुकद्दमे के लिए आवेदन
・精神鑑定	・मनोरोग चिकित्सकीय जाँच; मानसिक स्थिति की विशेषज्ञ द्वारा जाँच
・精神障害者	・मानसिक रूप से असंतुलित
・精神障害を改善する	・मानसिक विकार का इलाज करना
・精神病	・मानसिक बीमारी
・精神病質	・मनोरोगमय व्यक्तित्व
・精神保健観察	・मानसिक स्वास्थ्य संप्रेक्षण
・精神保健参与員	・मानसिक स्वास्थ्य सलाहकार
・精神保健指定医	・अभिहित मानसिक स्वास्थ्य चिकित्सक
・精神保健審判員	・मानसिक स्वास्थ्य मामले के निवारण हेतु नियुक्त चिकित्सक
・精神保健判定医	・मानसिक स्वास्थ्य मामले की सही परख में सक्षम चिकित्सक
・精神保健福祉士	・मानसिक स्वास्थ्य समाज सेवक

・正当業務行為	・न्यायसंगत कार्य (व्यवसाय) के अनुसरण में किया गया काम
・正当防衛	・आत्मरक्षा
・正犯	・प्रधान अपराधी; मुख्य अपराधी
・正本	・प्रमाणित प्रति; मूल प्रति
・声紋	・ध्वनिमुद्रण
・政令	・(कैबिनेट) मंत्रिमण्डलीय अध्यादेश
・責任	・दायित्व; ज़िम्मेवारी; उत्तरदायित्व; सदोषता
・責任軽減事由	・दायित्व (सदोषता) कम करने वाले कारण
・責任阻却事由	・दायित्व (सदोषता) नकारने वाले कारण; क्षमा (क्षमा हेतु आधार)
・責任能力	・आपराधिक दायित्व की सामर्थ्य; आपराधिक ज़िम्मेवारी को सहन करने की सामर्थ्य
・責任無能力者	・आपराधिक दायित्व को सहन करने के लिए असमर्थ व्यक्ति; आपराधिक ज़िम्मेवारी सहन न कर सकने वाला व्यक्ति
・責任要素	・दायित्व को बनाने वाले घटक
・責問権の放棄	・कार्यविधि संबंधी गलती के आरोप लगाने के अधिकार का अधित्याग
・是正命令	・परिशोधन आदेश
・接見	・बंदी का बाहरी लोगों से संपर्क या मुलाक़ात
・接見禁止	・बंदी के बाहरी लोगों से संपर्क या मुलाक़ात पर मनाही
・接見交通	・बंदी का बाहरी लोगों से संपर्क व चीज़ों का लेन-देन
・窃取	・चोरी
・絶対的控訴理由	・अपील के लिए निश्चित आधार
・是非弁別	・सही और गलत के बीच भेद करना

法律用語【さ行】

・前科	・आपराधिक रिकार्ड; पूर्व दोषसिद्धि का रिकार्ड
・前科調書	・आपराधिक रिकार्ड की रिपोर्ट
・宣告する	・घोषणा करना; फ़ैसला सुनाना
・宣誓	・शपथ
・専属管轄	・विशिष्ट क्षेत्राधिकार
・選任決定	・नागरिक-जज की नियुक्ति का निर्णय
・選任予定裁判員	・पहले से नियुक्त नागरिक-जज
・訴因	・अभियोग के विषय (चार्जशीट में)
・訴因変更	・अभियोग के विषयों का संशोधन (चार्जशीट में)
・訴因を明示する	・अभियोग के विषयों का स्पष्टता से वर्णन करना
・捜査	・जाँच-पड़ताल
・捜査機関	・जाँच-प्राधिकरण संस्था
・捜査記録	・जाँच-पड़ताल का रिकार्ड
・捜索	・तलाशी
・捜索差押許可状	・ज़ब्ती एवं तलाशी अधिपत्र (वारंट)
・捜索差押調書	・तलाश एवं ज़ब्ती का रिकार्ड
・捜索状	・तलाशी-अधिपत्र (वारंट)
・捜索調書	・तलाशी का रिकार्ड
・捜査照会回答書	・जाँच-संबंधी पूछताछ का जवाब
・捜査状況報告書	・जाँचकारी रिपोर्ट
・送達する	・सौंपना; वितरण करना; भेजना
・送致する	・भेजना (संदिग्ध व्यक्ति को)
・相当因果関係	・तर्कसंगत (उचित) कार्योत्पादन; उचित कार्य-कारण संबंध
・相当な理由	・उचित आधार
・遡及処罰の禁止	・पूर्वप्रभावी सज़ा की मनाही
・即時抗告	・तात्कालिक कोकोकु अपील
・訴訟記録	・मुकद्दमे का रिकार्ड
・訴訟係属	・मुकद्दमे की लंबितता

・訴訟行為	・मुक़द्मेबाज़ी
・訴訟指揮	・मुक़द्मे का संचालन करना
・訴訟条件	・मुक़द्मे की शर्त
・訴訟手続	・मुक़द्मे की कार्यवाहियाँ
・訴訟手続の法令違反	・मुक़द्मे की कार्यवाही में अध्यादेशों का उल्लंघन
・訴訟能力	・मुक़द्मा सहन करने की सामर्थ्य
・訴訟費用	・मुक़द्मेबाज़ी का खर्च
・速記	・आशुलिपि
・即決裁判手続	・शीघ्र विचारण प्रक्रिया
・疎明	・प्रथम दृष्टि का प्रमाण
・疎明資料	・प्रथम दृष्टि के प्रमाण की सामग्री
・損害賠償命令	・क्षतिपूर्ति मुआवज़े का आदेश

【た 行】

・第一審	・निचली अदालत में मुक़द्मे की सुनवाई
・退院	・अस्पताल से छुट्टी
・退去強制令書	・अनिवार्य निर्वासन (देश-निकाला) आदेश
・大使	・राजदूत
・大使館	・दूतावास
・対質	・एक गवाह का दूसरे गवाह से आमना-सामना करके पूछताछ करना
・大赦	・आम क्षमा
・対象行為	・विहित क्रिया
・対象事件	・विहित मामला
・対象者	・विहित व्यक्ति
・退廷しなさい	・अदालत के कमरे से चले जाओ
・退廷命令	・अदालती कमरे को छोड़ने का आदेश
・逮捕	・गिरफ़्तारी

法律用語【た行】

・大法廷	・ग्रैन्ड बेन्च (सर्वोच्च न्यायालय की)
・逮捕状	・गिरफ़्तारी के लिए वारंट
・大麻	・गांजा; चरस
・大麻樹脂	・हशीश
・大麻草	・गांजा, चरस की पत्तियाँ
・代用監獄	・एवजी हिरासत; हिरासत-खाने की जगह पुलिस हवालात में रखना
・代理権	・प्रतिनिधित्व का अधिकार
・立会い	・कार्यवाहियों में मौजूदगी
・弾劾証拠	・महाभियोग के प्रयोजनों के लिए सबूत
・嘆願書	・याचना (अदालत से)
・単独犯	・बिना सह-अपराधी के किया गया अपराध; अकेले किया गया अपराध
・知的障害	・मानसिक विकास में पिछड़ापन
・地方検察庁（地検）	・ज़िला सरकारी अभियोजक कार्यालय
・地方検察庁支部	・ज़िला सरकारी अभियोजक कार्यालय की शाखा
・地方公共団体	・स्थानीय जन संस्था, स्थानीय सरकार
・地方裁判所（地裁）	・ज़िला न्यायालय
・地方裁判所支部	・ज़िला न्यायालय की शाखा
・地方法務局	・ज़िला क़ानूनी मामला ब्यूरो
・注意義務	・सावधानी बरतने का कर्तव्य
・中央更生保護審査会	・राष्ट्रीय अपराधी पुनर्वासन आयोग
・中止犯	・अपराधकर्ता जिसने अपराध को अंजाम देने से पहले ही उस कार्य को स्थगित कर दिया हो
・中止未遂	・ऐसी कोशिश, जहाँ अपराधकर्ता ने अपनी इच्छा से अपराध के करने को स्थगित कर दिया हो
・懲役	・सश्रम कैद; मजदूरी के साथ कैद
・長期3年以上	・तीन साल या तीन साल से अधिक अवधि
・調書	・(मुक़द्दमे) का रिकार्ड; लिखित बयान

・調書判決	・मुक़द्दमे के रिकार्ड में सम्मिलित लिखित फ़ैसला
・直接証拠	・प्रत्यक्ष प्रमाण
・陳述する	・बयान देना
・追完する	・पूरा कर देना; परिपूर्ण करना
・追起訴	・उत्तरकालीन अभियोग; अतिरिक्त अभियोग
・追徴	・ज़ब्त की जाने वाली वस्तु के बराबर कीमत की वसूली; अतिरिक्त वसूली
・追徴保全	・अतिरिक्त वसूली को सुनिश्चित करना
・通院期間の延長	・बहिर्रोगी उपचार प्राप्त करने की अवधि को बढ़ाना
・通常逮捕	・सामान्य गिरफ़्तारी (वारंट के अनुसार की गई गिरफ़्तारी)
・通達	・नोटिस
・通訳	・दुभाषिया
・付添い	・सेवा-बाध्य; परिचारी
・付添人	・परिचारक
・つきまとい	・पीछे हो लेना (किसी के); मंडराते रहना (किसी व्यक्ति के आसपास)
・罪となるべき事実	・अपराध को गठित करने वाले तथ्य; आपराधिक तथ्य
・罪を犯したことを疑うに足りる充分な理由	・यह शक करने की पर्याप्त वजह कि अपराध किया गया है
・罪を行い終わってから間がない	・अपराध के पूरा होने के तुरंत बाद
・連戻状	・(भागे हुए किशोर कैदी को) हिरासत में वापस लेने का वारंट
・連れ戻す	・(भागे हुए किशोर कैदी को) हिरासत में वापस लेना
・DNA鑑定	・डी एन ए परीक्षण
・提出命令	・पेश (जमा) करने के लिए आदेश
・廷吏	・कारिन्दा

・撤回	・कार्यवाही को वापस लेना; प्रतिसंहरण
・電子計算機	・कम्प्यूटर
・電磁的記録	・विद्युत-चुम्बकीय रिकार्ड (टेप, कम्प्यूटर डिस्क इत्यादि)
・伝聞供述	・कानों-सुना कथन, कानों-सुना बयान
・伝聞証拠	・कानों-सुना साक्ष्य
・伝聞法則	・कानों-सुना नियम
・電話聴取書	・टेलीफ़ोन बातचीत की रिपोर्ट
・同意	・मंजूरी; सहमति
・道義的責任	・नैतिकता पर आधारित उत्तरदायित्व; नैतिक ज़िम्मेदारी
・統合失調症	・स्किजोफ्रीनिया
・同行状	・किशोर पर सपीना
・同行する	・साथ आना-जाना
・当事者	・मुकद्दमे की पार्टी; संबंधित व्यक्ति
・謄写する	・नकल करना
・盗聴	・इव्सड्रापिंग; तार में जोड़ लगाकर सुनना; बगिंग; इलेक्ट्रानिक निगरानी
・答弁書	・लिखित उत्तर; जवाब
・謄本	・प्रमाणित प्रति
・特殊開錠用具	・ताला खोलने के खास औज़ार
・特定侵入行為	・सेंध लगाना/गृह-भेदन/अंतर्वेधन हेतु निर्दिष्ट कार्य
・特に信用すべき情況（特信情況）	・खास तौर से विश्वसनीय हालात; परिस्थितिजन्य साक्ष्य
・特別抗告	・खास कोकोकु अपील
・特別弁護人	・बचाव पक्ष का खास वकील
・土地管轄	・प्रदेश का क्षेत्राधिकार
・都道府県公安委員会	・ज़िला जन सुरक्षा आयोग

・取り消す	・रद्द करना
・取り下げる	・वापस लेना; रद्द करना
・取り調べる	・पूछताछ करना; जाँचना
・トルエン	・टालुइन; मेथिलबेनज़ीन

【な　行】

・内閣府	・मंत्रिमंडल कार्यालय
・捺印	・अपनी मोहर लगाना
・二重の危険	・दोहरा जोखिम
・日本司法支援センター（法テラス）	・जापान वैधानिक समर्थन केन्द्र
・入院	・अस्पताल में भर्ती
・入院継続の確認	・अस्पताल में भर्ती को जारी रखने की पुष्टि
・入院によらない医療	・अस्पताल में भर्ती की आवश्यकता के बिना चिकित्सकीय उपचार
・入院を継続する	・अस्पताल में भर्ती को जारी रखना
・入国	・प्रवेश आप्रवास
・入国管理局	・(क्षेत्रीय) आप्रवासन (इमीग्रेशन) ब्यूरो
・入国管理局出張所	・(क्षेत्रीय) आप्रवासन (इमीग्रेशन) ब्यूरो की शाखा
・入国管理センター	・आप्रवासन (इमीग्रेशन) केन्द्र
・入国者収容所	・आप्रवासन (इमीग्रेशन) अवरोधन (हिरासत) केन्द्र
・入国審査官	・आप्रवासन अधिकारी
・入国手続	・प्रवेश (आप्रवास) प्रक्रियाएँ
・任意性	・मर्ज़ी का होना; स्वैच्छिकता
・任意捜査	・अपनी इच्छा (स्वैच्छिकता) के आधार पर जाँच-पड़ताल
・任意提出書	・अपनी इच्छा (स्वैच्छिकता) से सबूतकारी वस्तुओं की पेशी का फार्म

・任意的弁護事件	・मुक़द्दमा जिसकी सुनवाई के समय बचाव पक्ष के वकील की आवश्यकता न हो
・任意同行	・स्वैच्छिकता से साथ जाना (पुलिस के)
・脳挫傷	・दिमागी क्षति; अंदरूनी दिमागी चोट

【は 行】

・売春	・वेश्यावृति
・売春周旋	・वेश्याकर्म की दलाली; दलाली
・陪席裁判官	・सह-न्यायाधीश
・破棄移送	・रद्द करके अंतरण करना
・破棄差戻し	・रद्द करना और वापस भेजना
・破棄自判	・मूल फ़ैसला रद्द करके नया फ़ैसला देना
・破棄する	・उलट देना; निरस्त करना; रद्द करना
・破棄判決	・मूल फ़ैसले को उलटने का फ़ैसला
・罰金	・जुर्माना
・ハッシシ（ハッシシュ）	・हशीश
・罰条	・सज़ा को निर्धारित करती क़ानूनी धाराएँ
・犯意	・आपराधिक आशय; मंशा
・判決	・फ़ैसला; निर्णय
・判決書	・लिखित फ़ैसला
・判決に影響を及ぼすことが明らか	・यह स्पष्ट होना कि फ़ैसला प्रभावित हुआ
・判決の宣告	・फ़ैसले की उद्घोषणा; फ़ैसला सुनाना
・判決理由	・फ़ैसले के लिए आधार
・犯行	・आपराधिक कार्य
・犯罪	・दोष; अपराध
・犯罪行為を組成した物（犯罪組成物件）	・आपराधिक कार्य के अंगीभूत तत्व
・犯罪事実	・आपराधिक तथ्य; अपराध को बनाते तथ्य
・犯罪収益	・अपराध से हासिल लाभ

・判事	・न्यायाधीश
・判示する	・फैसले में दर्शाना (दिखाना)
・判事補	・सहायक न्यायाधीश
・反証	・खंडन; काट
・犯情	・अपराध के इर्द-गिर्द के हालात
・反則金	・(ट्रैफिक) उल्लंघन जुर्माना
・反対尋問	・जिरह
・判例	・अदालती मिसाल
・判例違反	・अदालती मिसाल का उल्लंघन
・判例変更	・अदालती मिसाल में (परिवर्तन) संशोधन
・犯歴	・पूर्व दोष –सिद्धि का रिकार्ड
・被害者	・पीड़ित आदमी; घटनाग्रस्त व्यक्ति
・被害者還付	・पीड़ित आदमी को वापसी; पीड़ित आदमी कों (चीज़ें) लौटना
・被害者参加人	・भाग लेने वाला पीड़ित व्यक्ति
・被害者参加弁護士	・भाग लेने वाले पीड़ित व्यक्ति का वकील
・被害者特定事項	・पीड़ित की पहचान-संबंधी जानकारी
・被害届	・घटना रिपोर्ट; पीड़ित आदमी की रिपोर्ट
・被疑者	・संदिग्ध व्यक्ति
・非供述証拠	・असाक्ष्यात्मक सबूत
・非行	・चूक; अपचार; गलती
・被告事件	・आपराधिक मुकद्दमा (केस)
・被告人	・अभियुक्त; मुल्ज़िम
・被告人の退廷	・अदालती कमरे से अभियुक्त (मुल्ज़िम) का चले जाना
・被収容者	・निवासी; कैदी
・非常上告	・सर्वोच्च न्यायालय में दायर असामान्य अपील
・左陪席裁判官	・बाई ओर बैठा सह-न्यायाधीश
・ピッキング用具	・ताला खोलने का औज़ार

法律用語【は行】

・筆跡	・लिखावट
・必要的弁護事件	・अपराध जहाँ मुक़द्दमे के समय बचाव पक्ष के वकील की हाज़िरी ज़रूरी है
・必要的保釈	・अनिवार्य ज़मानत
・ビデオリンク	・वीडियो लिंक
・秘匿決定	・गुप्त रखने का निर्णय
・否認	・इनकार करना; अस्वीकार करना
・評議	・विचार-विमर्श
・評決	・निर्णय
・被略取者	・अपहृत व्यक्ति; अपहरण हुआ व्यक्ति
・不意打ち	・आकस्मिक; आश्चर्यजनक
・附加［付加］刑	・अतिरिक्त सज़ा [दण्ड]
・不可抗力	・अप्रतिरोध्य बल; दैवाधीन काम
・不可罰的事後行為	・तथ्य के बाद दण्ड न दिए जा सकने वाला काम (पहले अपराध के बाद किए जाने वाला काम क़ानूनन दंडनीय नहीं है, उदाहरण के लिए चोरी के बाद चुराए हुए साज़-सामान को नष्ट करना)
・不起訴処分	・मुक़द्दमा (अभियोग) दायर न करने का फ़ैसला
・副検事	・सहायक अभियोजक
・不告不理の原則	・अभियोजन के बिना न्याय-निर्णय नहीं का सिद्धांत
・不作為犯	・भूल-चूक से हुआ अपराध
・婦人補導院	・महिला मार्गदर्शन गृह
・不選任の決定	・नागरिक-जज अभ्यर्थी को नागरिक-जज के तौर पर न नियुक्त करने का निर्णय
・物的証拠	・ठोस सबूत; प्रत्यक्ष सबूत
・不定期刑	・अनिर्धारित सज़ा
・不適格事由	・नागरिक-जज के तौर पर अयोग्यता के आधार
・不同意	・राज़ी न होना; असहमति

法律用語【は行】

日本語	ヒンディー語
・不当逮捕	・अनुचित गिरफ़्तारी; बेइन्साफ़ गिरफ़्तारी
・不能犯	・अपराध करने के लिए असंभव कोशिश
・不服申立て	・आपत्ति दायर करना
・部分判決	・आंशिक फ़ैसला
・不法在留	・गैरक़ानूनी प्रवास
・不法残留	・वीज़ा अवधि के बीत जाने के पश्चात भी प्रवास करना (ओवरस्टे)
・不法入国	・अवैध प्रवेश
・不法領得の意思	・अवैध प्राप्ति (चुराने) का इरादा
・不利益な事実の承認	・किसी के हित के खिलाफ तथ्य की संस्वीकृति
・不利益変更の禁止	・मुल्ज़िम को हानी पहुँचाने हेतु (फैसले) में संशोधन पर मनाही
・併科する	・समवर्ती सज़ाएँ देना
・併合決定	・संयोजन का निर्णय
・併合罪	・विभिन्न अपराधों का संयोजन
・併合する	・मिलाना, संयोजित करना
・別件逮捕	・अन्य आरोप में गिरफ़्तारी (भिन्न अपराध को कबूल करवाने के उद्देश्य से किसी अन्य आरोप में गिरफ़्तारी)
・別の合議体による裁判所	・अन्य तालिका से युक्त न्यायालय
・弁解録取書	・संदिग्ध व्यक्ति का बयान (सफाई, स्पष्टीकरण)
・弁護士	・वकील
・弁護士会	・बार एसोसिएशन
・弁護人	・बचाव पक्ष का वकील
・弁護人依頼権	・वकील की मांग का अधिकार
・弁護人選任権	・वकील नियुक्त करने का अधिकार
・変造	・बदलना, हेरफेर करना
・弁論	・दलील; आखिरी दलील
・弁論再開	・बचाव पक्ष की ज़ुबानी कार्रवाई की फिर शुरुआत

- 弁論終結 ・ बचाव पक्ष की ज़ुबानी कार्रवाई का समापन
- 弁論能力 ・ बचाव पक्ष द्वारा को संचालित करने की योग्यता
- 弁論分離 ・ बचाव पक्ष की ज़ुबानी कार्रवाई का विभाजन
- 弁論併合 ・ बचाव पक्ष की ज़ुबानी कार्रवाई का संयोजन
- 弁論要旨 ・ बचाव पक्ष के वकील की आखिरी दलील का सार
- 防衛の意思 ・ रक्षात्मक कार्य (आत्मरक्षा) की इच्छा
- 包括一罪 ・ व्यापक (अतिर्विष्ट) इकहरा अपराध
- 謀議 ・ साज़िश, षड़यंत्र
- 防御権 ・ रक्षा का अधिकार
- 暴行 ・ हमला; हिंसा
- 傍受 ・ अंतर्रोधन (रेडियो सन्देश, टेलीफोन बातचीत का)
- 幇助する ・ उकसाना, सुगमता प्रदान करना, सहायता करना
- 幇助犯 ・ उकसाने का अपराध, सुगमता प्रदान करने का अपराध
- 法人 ・ पंजीकृत कंपनी
- 傍聴席 ・ अदालती कमरे में दर्शकों (श्रोताओं) की कुर्सियां
- 傍聴人 ・ दर्शक; श्रोता
- 法廷 ・ अदालत; अदालती कमरा
- 法定刑 ・ क़ानून में निर्धारित दंड
- 法廷警察権 ・ अदालती कमरा आरक्षण अधिकार
- 法定代理人 ・ क़ानूनी प्रतिनिधि
- 法定手続の保障 ・ क़ानून की (उचित) कार्रवाई को सुनिश्चित बनाना
- 冒頭陳述 ・ प्रारंभिक दलील (सरकारी वकील की)
- 法の不知 ・ क़ानून का अज्ञान
- 法の下の平等 ・ क़ानून के अंतर्गत समानता
- 方法の錯誤 ・ साधन की गलती (भूल)

・法務局	・क़ानूनी मामला ब्यूरो
・法務省	・न्याय मंत्रालय
・法律	・क़ानून
・法律上の減軽	・क़ानूनी पर आधारित कमी; अनिवार्य लघुकरण
・法律の錯誤	・क़ानून सम्बन्धी गलती; क़ानून सम्बन्धी भूल
・法律の適用	・क़ानून लागू करना
・法律審	・केवल विधि के प्रश्न की समीक्षा हेतु न्यायालय प्रभारी
・暴力団	・संगठित गिरोह, अपराधी वर्ग
・法令	・क़ानून और अध्यादेश
・法令適用の誤り	・क़ानून या अध्यादेश को लागू करने में गलती
・保護観察	・परिवीक्षा; पैरोल
・保護観察官	・परिवीक्षा अधिकारी
・保護観察所	・परिवीक्षा कार्यालय
・保護司	・स्वैच्छिक परिवीक्षा अधिकारी
・保護者	・अभिरक्षक
・保護法益	・क़ानून द्वारा संरक्षित हित
・保護命令	・संरक्षा के लिए आदेश
・保佐監督人	・रक्षक का पर्यवेक्षक
・補佐人	・अभियुक्त का परामर्शदाता (जो क़ानूनी वकील नहीं है)
・保佐人	・रक्षक
・保釈	・ज़मानत पर छूटना, ज़मानत
・保釈取消し	・ज़मानत का निरस्तीकरण; ज़मानत रद्द करना
・保釈保証金	・ज़मानत-राशि / बंध-पत्र
・補充員	・अभियोजन की जाँच के लिए गठित समिति के पूरक सदस्य
・補充裁判員	・पूरक नागरिक-जज
・補充書	・अनुपूरक, पूरक दस्तावेज़

法律用語【は・ま行】

・補助監督人	・सहायक का पर्यवेक्षक
・補助人	・सहायक
・没取	・ज़ब्ती
・没収する	・ज़ब्त करना
・没収保全	・ज़ब्त को सुनिश्चित करना
・ポリグラフ検査	・पोलिग्राफ़ परीक्षण
・本籍	・पंजीकृत मूल निवास स्थान (कुटुंब रजिस्टर)

【ま　行】

・麻薬	・नशीले पदार्थ, संवेदन मंदक
・麻薬常習者	・नशीले पदार्थ सेवन का व्यसनी (आदी)
・マリファナ	・मारिजुआना (चरस, गाँजा)
・右陪席裁判官	・दायीं ओर बैठा सह-न्यायाधीश
・未決勾留	・मुकदमे के दौरान हिरासत
・未遂	・प्रयास, कोशिश
・未成年者	・नाबालिग
・密売者	・तस्कर व्यापारी
・密輸出	・निर्यात द्वारा तस्करी
・密輸入	・आयात द्वारा तस्करी
・未必の故意	・नतीज़े के सम्भावना का आभास
・身分犯	・पद (ओहदे) पर आधारित अपराध; अपराध जिसका गठन अपराधी के पद (ओहदे) पर निर्भर है
・無期懲役	・असीमित (आजीवन) सश्रम कारावास
・無罪	・दोषमुक्त; निर्दोषी; बेक़सूर
・無罪の推定	・निर्दोषता (बेगुनाही) का अनुमान
・無銭飲食	・भुगतान करने के इरादे के बिना रेस्तरां में खाना पीना

・無断退去者	・अस्पताल उपचार के लिए अभिहित चिकित्सकीय संस्थान को बिना अनुमति के छोड़ना
・無賃乗車	・बिना टिकट वाहन (ट्रेन . बस आदि) में सवारी
・無能力者	・अक्षम व्यक्ति
・酩酊	・नशे की हालत
・命令	・आदेश
・免訴	・बाहरी कारणों से केस रद्द करना; रिहाई
・毛髪鑑定	・बालों के नमूने का परीक्षण
・黙秘権	・चुप रहने का अधिकार

【や 行】

・薬物犯罪収益	・मादक (नशीले) पदार्थों से सम्बंधित अपराधों से कमाया लाभ
・やむを得ずにした行為	・अपरिहार्य ज़रूरतों से किया काम; मजबूरी में किया काम
・誘引	・प्रलोभन
・有期懲役	・सीमित अवधि का सश्रम कारावास
・有罪	・दोषसिद्धि; दोषी; कसूरवार
・宥恕	・क्षमादान
・誘導尋問	・सूचक प्रश्न
・ゆすり	・फिरौती; ब्लैकमेल
・予見可能性	・पूर्वज्ञानता, पूर्वभास्ता
・余罪	・वह अपराध जिसके किए अभी मुकद्मा नहीं चलाया गया
・予断排除	・पूर्वाग्रह रोकना; भेदभाव के अपवर्जन का सिद्धांता
・予備	・तैयारी; अतिरिक्त
・呼出状	・समन का आदेश

・呼び出す	・समन
・予備的訴因	・चार्जशीट का अनुपूरक विषय

【ら 行】

・立証趣旨	・प्रमाणीकरण का अभिप्राय (उद्देश्य); साबित करने का मकसद
・立証する	・सिद्ध करना; साबित करना; प्रमाणित करना
・立証責任	・दावा सिद्ध करने की बाध्यता
・略式手続	・संक्षिप्त (सरसरी) कार्रवाही
・略式命令	・संक्षिप्त (सरसरी) आदेश
・略取	・अपहरण; विपहरण
・留置施設	・अवरोधन (हिरासत) व्यवस्था; कैदी गृह की सुविधा
・理由のくいちがい	・कारणों का विरोधाभास
・理由の不備	・अपर्याप्त आधार; आधारों का आभाव
・理由を示さない不選任の請求	・नागरिक-जज के तौर पर न नियुक्त करने का निवेदन (कारण जताए बिना)
・量刑	・सज़ा; दण्ड
・量刑不当	・अनुचित सज़ा (दण्ड)
・領事	・वाणिज्य-दूत
・領事館	・वाणिज्य दूतावास
・領収書	・रसीद
・領置	・वस्तुओं को कब्ज़े में लेना
・領置調書	・कब्ज़े में ली गई वस्तुओं का रिकोर्ड
・両罰規定	・(किसी व्यक्ति और कंपनी की) समवर्ती दण्ड धारा
・旅券（パスポート）	・पासपोर्ट
・輪姦	・सामूहिक बलात्संग

・臨検	・स्थल निरीक्षण; घटनास्थल का निरीक्षण या दौरा
・臨床尋問	・अभियुक्त से चिकित्सकीय अभिरक्षा में पूछताछ
・類推解釈	・भाषांतरण (अर्थ निकलने में) उपमाओं का उपयोग
・累犯	・बार-बार अपराध करना
・令状	・वारंट; रिट
・連行する	・पूछताछ करने के लिए साथ ले जाना; पुलिस स्टेशन ले जाना
・労役場留置	・(जुरमाना न अदा करने पर) कार्य-स्थल पर रखना
・録音	・ऑडियो रिकॉर्डिंग
・録取（する）	・रिकॉर्डिंग करना; लिखित में दर्ज करना
・論告	・अभियोजक की अंतिम दलील; अंतिम तर्क
・論告要旨	・अभियोजक की अंतिम दलील का सार

【わ 行】

・わいせつ	・अश्लीलता; कामुक आचरण
・わいろ	・रिश्वत
・和解	・समझौता; सौहार्द्रपूर्ण निपटारा

第2章　法令名

【あ　行】

・あへん法	・अफ़ीम क़ानून
・医師法	・मेडिकल प्रैक्टिशनर क़ानून
・意匠法	・डिज़ाइन संरक्षण क़ानून
・印紙等模造取締法	・राजस्व स्टैम्प इत्यादि जालसाज़ी नियंत्रण क़ानून
・印紙犯罪処罰法	・राजस्व स्टैम्प सम्बंधित अपराध दण्ड क़ानून
・インターネット異性紹介事業を利用して児童を誘引する行為の規制等に関する法律	・इन्टरनेट पर विपरीत लिंग से परिचय कराने की सेवा द्वारा बच्चों को प्रलोभित करने/उकसाने पर विनियम इत्यादि संबंधित क़ानून
・恩赦法	・सर्वक्षमा क़ानून

【か　行】

・外国ニ於テ流通スル貨幣紙幣銀行券証券偽造変造及模造ニ関スル法律（外貨偽造法）	・विदेशों में परिचालित सिक्कों, हुंडियों, बैंक नोटों व वित्तीय प्रतिभूतियों में जालसाज़ी, फेरबदल एवं नकल क़ानून (विदेशी मुद्रा जालसाज़ी क़ानून)
・外国為替及び外国貿易法(外為法)	・मुद्रा और विदेशी व्यापार नियंत्रण क़ानून
・外国裁判所ノ嘱託ニ因ル共助法	・विदेशी न्यायालयों की न्यायिक सहायता का क़ानून
・外国人漁業の規制に関する法律	・विदेशी नागरिकों द्वारा मत्स्य (मछली) उद्योग के संचालन पर नियंत्रण क़ानून
・外国人登録法	・विदेशी नागरिक पंजीकरण क़ानून
・海洋汚染等及び海上災害の防止に関する法律	・समुद्री प्रदूषण और समुद्री विपत्ति निवारण से सम्बंधित क़ानून

法令名【か行】

・海上交通安全法	・समुद्री यातायात सुरक्षा क़ानून
・海上衝突予防法	・समुद्र पर टकराव निवारण क़ानून
・火炎びんの使用等の処罰に関する法律	・बारूद इत्यादि नियंत्रण क़ानून
・覚せい剤取締法	・उत्तेजक औषधि नियंत्रण क़ानून
・貸金業法	・ऋण व्यापार क़ानून
・火薬類取締法（火取法）	・बारूद इत्यादि नियंत्रण क़ानून
・関税定率法	・सीमा शुल्क दर क़ानून
・関税法	・सीमा शुल्क क़ानून
・漁業法	・मत्स्य (मछली) उयोग क़ानून
・漁船法	・मत्स्य-यान (मछली पकड़ने का जहाज) से सम्बंधित क़ानून
・銀行法	・बैंकिंग क़ानून
・金融商品取引法	・वित्तीय साधन एवं विनिमय क़ानून
・警察官職務執行法（警職法）	・पुलिस कर्तव्यों के निष्पादन से सम्बंधित क़ानून
・警察法	・पुलिस क़ानून
・刑事確定訴訟記録法	・निश्चित आपराधिक मुकदमे संबंधी दस्तावेज़ क़ानून
・刑事収容施設及び被収容者等の処遇に関する法律	・कैदी/निवासी की दाण्डिक अवरोधन सुविधाएं एवं संबंधित क़ानून
・刑事訴訟規則（刑訴規則）	・दण्ड प्रक्रिया नियम
・刑事訴訟費用等に関する法律	・दण्ड प्रक्रिया की लागतों से सम्बंधित क़ानून
・刑事訴訟法（刑訴法）	・दण्ड प्रक्रिया संहिता
・刑事補償法	・आपराधिक मुआवज़ा क़ानून (दोषसिद्ध व्यक्ति, जिसे बाद में निरपराध पाया जाता है, को मुआवज़ा देने के लिए क़ानून)
・競馬法	・घुड़दौड़ क़ानून

・軽犯罪法	मामूली अपराध क़ानून
・刑法	दण्ड संहिता
・検察審査会法	अभियोजन जाँच-पड़ताल समिति क़ानून
・検察庁法	सरकारी अभियोजक कार्यालय क़ानून
・航空機の強取等の処罰に関する法律	विमान अपहरण इत्यादि के लिए दण्ड से सम्बंधित क़ानून
・航空の危険を生じさせる行為等の処罰に関する法律	विमान संचालन को खतरे में डालने वाले कार्यों के लिए दण्ड से सम्बंधित क़ानून
・更生保護事業法	अपराधी पुनर्वासन सेवा क़ानून
・更生保護法	अपराधी पुनर्वासन क़ानून
・国際受刑者移送法	अंतर्राष्ट्रीय कैदी स्थानान्तरण क़ानून
・国際人権規約	अंतर्राष्ट्रीय मानव अधिकार संधि
・国際捜査共助等に関する法律	जांच-पड़ताल में अंतर्राष्ट्रीय सहायता इत्यादि से संबधित क़ानून
・国際的な協力の下に規制薬物に係る不正行為を助長する行為等の防止を図るための麻薬及び向精神薬取締法等の特例等に関する法律（麻薬特例法）	अंतर्राष्ट्रीय सहयोग के अंतर्गत निषिद्ध औषधियों के गैरक़ानूनी व्यापार को प्रोत्साहित करने वाली गतिविधियों के निवारण से सम्बंधित नशीले पदार्थ एवं साइकोट्रॉपिक्स नियंत्रण आदि जैसे विशेष प्रावधान आदि का क़ानून
・国籍法	राष्ट्रीयता क़ानून
・戸籍法	कुटुंब पंजीकरण क़ानून

【さ 行】

・裁判員の参加する刑事裁判に関する法律	नागरिक-जज के भाग लेने वाले अपराधिक मुक़द्दमों संबधित क़ानून
・裁判員の参加する刑事裁判に関する規則	नागरिक-जज के भाग लेने वाले अपराधिक मुक़द्दमों संबधित नियम

法令名【さ行】

・裁判所法	・न्यायालय क़ानून
・酒に酔って公衆に迷惑をかける行為の防止等に関する法律	・शराब के नशे में जन साधारण को परेशान करने जैसी गतिविधियों के निवारण इत्यादि से सम्बंधित क़ानून
・自転車競技法	・साईकिल रेस क़ानून
・自動車損害賠償保障法	・ऑटोमोबिल मुआवज़ा सुरक्षा क़ानून
・自動車の保管場所の確保等に関する法律	・वाहन की पार्किंग और भण्डारण सुविधा इत्यादि को सुनिश्चित
・児童福祉法	・बाल कल्याण क़ानून
・児童買春，児童ポルノに係る行為等の処罰及び児童の保護等に関する法律	・बाल सुरक्षा, बाल अश्लील लेखन (पोर्नोग्राफी) व बाल-वेश्यावृति पर दण्ड से सम्बंधित क़ानून
・銃砲刀剣類所持等取締法（銃刀法）	・आग्ने-यास्त्र और तलवार इत्यादि रखने पर नियंत्रण का क़ानून
・出資の受入れ，預り金及び金利等の取締りに関する法律	・निवेश धन की प्राप्ति, जमा धन और ब्याज इत्यादि नियंत्रण क़ानून
・出入国管理及び難民認定法	・अप्रवास नियंत्रण (इमीग्रेशन कंट्रोल) और शरणार्थी मान्यता क़ानून
・少年法	・किशोरों (नाबालिग) से सम्बंधित क़ानून
・商標法	・ट्रेडमार्क क़ानून
・商法	・व्यावसायिक संहित क़ानून
・職業安定法	・रोज़गार सुरक्षा क़ानून
・所得税法	・आयकर क़ानून
・心神喪失等の状態で重大な他害行為を行った者の医療及び観察等に関する法律（心神喪失者等医療観察法）	・पागलपन की अवस्था के चलते गंभीर मामलों का कारण बने व्यक्तियों की चिकित्सकीय देखभाल व उपचार संबधी क़ानून

−169−

- 人身保護法 ・ बंदी उपस्थापक क़ानून
- 森林法 ・ वन सम्बन्धी क़ानून
- ストーカー行為等の規制等に関する法律 ・ किसी के पीछे लगने या इर्द-गिर्द घूमने जैसी गतिविधियों पर नियंत्रण संबंधी क़ानून
- 精神保健及び精神障害者福祉に関する法律（精神保健法） ・ मानसिक स्वास्थ्य व मानसिक रूप से रोगी व्यक्तियों के कल्याण से सम्बंधित क़ानून
- 船員法 ・ नाविक क़ानून
- 船舶安全法 ・ समुद्री जहाज सुरक्षा क़ानून
- 船舶職員及び小型船舶操縦者法 ・ समुद्री जहाज के कर्मचारियों व नाव-संचालकों से सम्बंधित क़ानून
- 船舶法 ・ नाविक क़ानून
- 組織的な犯罪の処罰及び犯罪収益の規制等に関する法律 ・ संगठित अपराधों के लिए दण्डित करने और अवैध गतिविधियों से लाभ कमाने पर नियंत्रण संबंधी क़ानून

【た 行】

- 大麻取締法 ・ चरस (कैनबीज) नियंत्रण क़ानून
- 著作権法 ・ कॉपीराइट क़ानून
- 通貨及証券模造取締法 ・ मुद्रा और प्रतिभूति (सेक्योरिटीज़) जालसाज़ी नियंत्रण क़ानून
- 鉄道営業法 ・ रेलवे संचालन क़ानून
- 電気通信事業法 ・ दूरसंचार उद्यम क़ानून
- 電波法 ・ बेतार टेलीग्राफ क़ानून
- 盗犯等ノ防止及処分ニ関スル法律 ・ सेंधमारी, चोरी आदि के निवारण और दण्ड से संबंधित क़ानून
- 逃亡犯罪人引渡法 ・ प्रत्यर्पण क़ानून
- 道路運送車両法 ・ सड़क परिवहन एवं मोटर वाहन क़ानून

・道路交通法（道交法）	・सड़क यातायात क़ानून
・特殊開錠用具の所持の禁止等に関する法律	・ताला खोलने के विशेष औज़ार के स्वामित्व पर निषेध इत्यादि संबंधित क़ानून
・特定商取引に関する法律	・निर्दिष्ट वाणिज्यिक संव्यवहार क़ानून
・毒物及び劇物取締法（毒劇法）	・विषकारी एवं हानिकारक तत्व नियंत्रण क़ानून
・都道府県条例	・ज़िला अध्यादेश

【な 行】

・成田国際空港の安全確保に関する緊急措置法	・नारिता अंतर्राष्ट्रीय हवाई अड्डे की सुरक्षा नियंत्रण संबंधी आपात कदम क़ानून
・日本国憲法（憲法）	・जापान का संविधान
・日本国とアメリカ合衆国との間の相互協力及び安全保障条約第6条に基づく施設及び区域並びに日本国における合衆国軍隊の地位に関する協定の実施に伴う刑事特別法（刑特法）	・जापान का संयुक्त राज्य अमरीका के बीच आपसी सहयोग और सुरक्षा संधि के अनुच्छेद 6 के अंतर्गत जापान में संयुक्त राज्य अमरीका की सशस्त्र सेनाओं की सुविधाएं, क्षेत्र व उनके दर्जे से सम्बंधित समझौते के परिपालन पर आधारित विशेष दण्ड संहिता

【は 行】

・廃棄物その他の物の投棄による海洋汚染の防止に関する条約	・कूड़ा-करकट या अन्य पदार्थों के फेंकने से होने वाले समुद्री प्रदूषण को रोकने से संबंधित संधि
・廃棄物の処理及び清掃に関する法律（廃棄物処理法）	・कूड़ा-करकट परबंधन और सार्वजनिक सफ़ाई से संबंधित क़ानून
・配偶者からの暴力の防止及び被害者の保護に関する法律	・पति/पत्नी के विरुद्ध घरेलू हिंसा के निवारण और पीड़ित व्यक्ति की रक्षा के लिए क़ानून
・売春防止法	・वेश्यावृत्ति नियंत्रण क़ानून
・破壊活動防止法（破防法）	・विध्वंसक कार्यकलाप विरोधी क़ानून

法令名【は行】

・爆発物取締罰則	・विस्फोटक पदार्थ पर नियंत्रण व दण्ड
・罰金等臨時措置法	・जुर्माने आदि से संबंधित अस्थाई उपायों का क़ानून
・犯罪収益に係る保全手続等に関する規則	・अपराध से हासिल लाभ को सुनिश्चित बनाने इत्यादि की प्रक्रिया से सम्बंधित क़ानून
・犯罪捜査のための通信傍受に関する法律	・अपराध की छानबीन के लिए दूर-संचार संदेशों के अंतर्रोधन से सम्बंधित क़ानून
・犯罪被害財産等による被害回復給付金の支給に関する法律	・अपराध से उत्पन्न हुई संपत्ति की वसूली को सुनिश्चित बनाने की प्रक्रिया से सम्बंधित क़ानून
・犯罪被害者等の権利利益の保護を図るための刑事手続に付随する措置に関する法律（犯罪被害者等保護法）	・अपराध पीड़ित व्यक्तियों की सुरक्षा से सम्बंधित क़ानून
・被疑者補償規程	・संदिग्ध व्यक्तियों का मुआवज़ा देने के लिए विनियम
・人の健康に係る公害犯罪の処罰に関する法律（公害罪法）	・मानव स्वास्थ्य के लिए अहितकर प्रदूषण पैदा करने वाले अपराध के लिए दंड संबंधी (प्रदूषण संबंधी अपराध क़ानून)
・風俗営業等の規制及び業務の適正化等に関する法律（風営法）	・सार्वजनिक नैतिकता को प्रभावित करने वाले उद्योग इत्यादि पर नियंत्रण व उद्योग के उचित संचालन संबंधी क़ानून
・武器等製造法	・शस्त्र इत्यादि निर्माण क़ानून
・不正競争防止法	・अनुचित प्रतिस्पर्धा निवारण क़ानून
・法廷等の秩序維持に関する法律	・न्यायालय (अदालती कमरे वगैरह) में व्यवस्था बनाए रखने से सम्बंधित क़ानून
・暴力行為等処罰ニ関スル法律	・हिंसक गतिविधियों इत्यादि को दण्डित करने के लिए क़ानून

【ま 行】

- 麻薬及び向精神薬取締法（麻取法） ・ नशीले पदार्थ एवं साइकोट्रॉपिक्स नियंत्रण क़ानून
- 民事訴訟法 ・ दीवानी प्रक्रिया संहिता (दीवानी मुक़द्दमा क़ानून)
- 民法 ・ दीवानी संहिता; दीवानी क़ानून
- モーターボート競走法 ・ पेशेवर मोटरबोट रेसिंग क़ानून

【や 行】

- 薬物犯罪等に係る保全手続等に関する規則 ・ मादक (नशीले) पदार्थों के अपराध के माध्यम से अर्जित मुनाफ़े की वसूली को सुनिश्चित बनाने की प्रक्रिया से सम्बंधित क़ानून
- 有線電気通信法 ・ विद्युत केबल संचार से संबंधित क़ानून
- 郵便切手類模造等取締法 ・ डाक टिकट की जालसाज़ी इत्यादि नियंत्रण क़ानून
- 郵便法 ・ डाक क़ानून

【ら 行】

- 領海及び接続水域に関する法律 ・ क्षेत्रीय समुद्र व संबद्ध जल क्षेत्र से संबंधित क़ानून
- 領事関係に関するウィーン条約 ・ राजदूत संबंधों पर वियना संधि
- 旅券法 ・ पासपोर्ट क़ानून
- 労働基準法 ・ श्रम मानक क़ानून

第3章　罪名

【あ 行】

- あへん煙吸食器具輸入（製造，販売，所持）罪 — अफ़ीम पीने के उपकरणों का आयात (निर्माण, बिक्री, रखना)
- あへん煙吸食罪 — अफ़ीम धूम्रपान
- あへん煙吸食場所提供罪 — अफ़ीम धूम्रपान के लिए स्थान प्रदान करना
- あへん煙等所持罪 — अफ़ीम रखना
- あへん煙輸入（製造，販売，所持）罪 — अफ़ीम का आयात (निर्माण, बिक्री, रखना)
- あへん法違反（所持，譲渡，譲受，使用，輸入） — अफ़ीम क़ानून (रखना, हस्तांतरण, प्राप्ति)
- 遺棄罪 — परित्याग; लावारिस छोड़ना (लाश इत्यादि को)
- 遺棄等致死罪 — परित्याग (लावारिस छोड़ना) आदि के परिणाम स्वरूप मृत्यु
- 遺棄等致傷罪 — परित्याग (लावारिस छोड़ना) आदि के परिणाम स्वरूप चोट
- 遺失物等横領罪 — किसी गुम हुई वास्तु आदि का अनाधिकार ग्रहण
- 威力業務妨害罪 — किसी व्यवसाय में ज़बरदस्ती बाधा उत्पन्न करना
- 営利目的等被略取者収受罪 — लाभ के लिए किसी अपहृत या उठाए हुए व्यक्ति को हिरासत में रखना
- 営利目的等略取（誘拐）罪 — लाभ इत्यादि के लिए अपहरण
- 延焼罪 — आग फैलाने में सहायता करना
- 往来危険罪 — यातायात में खतरा पैदा करना
- 往来危険による艦船転覆（沈没，破壊）罪 — यातायात में खतरा उत्पन्न करके किसी समुद्री यान को पलटाना (डुबोना, क्षतिग्रस्त करना)
- 往来危険による汽車転覆（破壊）罪 — यातायात में खतरा उत्पन्न करके रेल-वाहनों को पलटना (क्षतिग्रस्त करना)
- 往来妨害罪 — यातायात में बाधा उत्पन्न करना
- 往来妨害致死罪 — यातायात में बाधा के परिणाम स्वरूप मृत्यु
- 往来妨害致傷罪 — यातायात में बाधा के परिणाम स्वरूप चोट

罪名【あ・か行】

・横領罪	・गबन

【か　行】

・外国国章損壊（除去，汚損）罪	・विदेशी ध्वज को नष्ट करना (निकालना, विकृत करना)
・外国人登録法違反（登録不申請）	・विदेशी नागरिक पंजीकरण क़ानून का उल्लंघन (पंजीकरण न करना)
・外国通貨偽造罪	・विदेशी मुद्रा की जालसाज़ी
・覚せい剤取締法違反（所持，譲渡，譲受，使用，輸入）	・उत्तेजक औषधि नियंत्रण क़ानून का उल्लंघन (रखना, हस्तांतरण, प्राप्ति, उपयोग, आयात)
・過失往来危険罪	・लापरवाही के परिणाम स्वरुप यातायात में खतरा पैदा होना
・過失激発物破裂罪	・लापरवाही के परिणाम स्वरुप विस्फोटक सामग्रियों का विस्फोट
・過失建造物等浸害罪	・लापरवाही के परिणामस्वरूप ढाँचे (इमारत) इत्यादि का आप्लावन व क्षति
・過失傷害罪	・लापरवाही के परिणाम स्वरुप शारीरिक चोट
・過失致死罪	・लापरवाही के परिणाम स्वरुप मृत्यु
・加重逃走罪	・गम्भीरतर रूप में फरार
・加重封印等破棄罪	・गंभीरतर रूप से मुहरबंदी नष्ट करने का अपराध
・ガス漏出罪	・गैस का रिसाव कराना
・ガス漏出等致死罪	・गैस के रिसाव के परिणाम स्वरुप मृत्यु
・ガス漏出等致傷罪	・गैस के रिसाव के परिणाम स्वरुप चोट
・監禁罪	・अवैध रूप से हिरासत में रखना
・監禁致死罪	・अवैध हिरासत के परिणाम स्वरुप मृत्यु
・監禁致傷罪	・अवैध हिरासत के परिणाम स्वरुप चोट
・艦船往来危険罪	・समुद्री जहाज के सञ्चालन को जोखिम में डालना
・偽計業務妨害罪	・कपटपूर्ण साधनों से व्यवसाय में बाधा डालना
・危険運転致死罪	・खतरनाक चालन के परिणाम स्वरुप मृत्यु
・危険運転致傷罪	・खतरनाक चालन के परिणाम स्वरुप चोट
・汽車転覆罪	・रेल पलटाना (पटरी से उतारना)

罪名【か行】

日本語	हिन्दी
・汽車転覆等致死罪	・रेल पलटने इत्यादि के परिणाम स्वरुप मृत्यु
・偽証罪	・झूटी गवाही
・偽造外国通貨行使罪	・जाली विदेशी मुद्रा का उपयोग
・偽造公文書行使罪	・जाली सरकारी दस्तावेज़ो का उपयोग
・偽造私文書行使罪	・जाली निजी (गैर-सरकारी) दस्तावेज़ो का उपयोग
・偽造通貨行使罪	・जाली मुद्रा का उपयोग
・偽造通貨等収得罪	・जाली मुद्रा प्राप्त करना
・偽造有価証券行使罪	・जाली प्रतिभूति (सेक्यूरिटीज़) का उपयोग
・器物損壊罪	・वस्तु (वस्तुओं) को नष्ट करना या क्षतिग्रस्त करना
・境界損壊罪	・सीमाओं को क्षतिग्रस्त करना या उसनें परिवर्तन करना
・恐喝罪	・धमकी से ऐंठना
・凶器準備集合（結集）罪	・खतरनाक हथियारों के साथ एकत्रित होना
・強制執行関係売却妨害罪	・आदेशों आदि के निष्पादन से संबंधित विक्रय में बाधा
・強制執行行為妨害罪	・आदेशों आदि के निष्पादन क्रिया में बाधा
・強制執行妨害罪	・आदेशों आदि के निष्पादन में बाधा
・強制執行妨害目的財産現状改変罪	・आदेशों आदि के निष्पादन में बाधा के उद्देश्य से संपत्ति की वास्तविक/वर्तमान अवस्था में फेरबदल करने का अपराध
・強制執行妨害目的財産損壊（隠匿）罪	・आदेशों आदि के निष्पादन में बाधा के उद्देश्य से संपत्ति में क्षति (छिपाव) का अपराध
・強制執行妨害目的財産無償譲渡罪	・आदेशों आदि के निष्पादन में बाधा के उद्देश्य से संपत्ति के अनुग्राहिक स्थानांतरण का अपराध
・強制執行申立妨害目的暴行（脅迫）罪	・आदेशों आदि के निष्पादन हेतु आवेदन में बाधा के उद्देश्य से आक्रामक प्रयास (अभित्रास/डराने-धमकाने) का अपराध
・強制わいせつ罪	・बलपूर्वक अश्लील हमला (हरकत) करना
・強制わいせつ致死罪	・बलपूर्वक अश्लील हमले (हरकत) के परिणाम स्वरुप मृत्यु

罪名【か行】

・強制わいせつ致傷罪	बलपूर्वक अश्लील हमले (हरकत) के परिणाम स्वरुप चोट
・脅迫罪	धमकी; भयभीत करना
・業務上横領罪	कार्य-निष्पादन (व्यवसाय) संचालय में गबन करना
・業務上過失往来危険罪	कार्य-निष्पादन (व्यवसाय संचालय) में लापरवाही से यातायात को जोखिम में डालना
・業務上過失激発物破裂罪	कार्य-निष्पादन (व्यवसाय संचालय) में लापरवाही से विस्फोटक सामग्री का विस्फोट करना
・業務上過失致死罪	कार्य-निष्पादन (व्यवसाय संचालन) में लापरवाही से मृत्यु
・業務上過失致傷罪	कार्य-निष्पादन (व्यवसाय संचालन) में लापरवाही से चोट
・業務上失火罪	कार्य-निष्पादन (व्यवसाय संचालन) में लापरवाही द्वारा आग
・強要罪	जोर-ज़बरदस्ती
・虚偽鑑定罪	झूठी विशेषज्ञ राय
・虚偽告訴罪	झूठी आपराधिक शिकायत
・虚偽診断書作成罪	जाली चिकित्सा प्रमाण पत्र
・激発物破裂罪	विस्फोटक सामग्री का विस्फोट करना
・現住建造物等放火罪	बसी हुई (आबाद) ईमारत इत्यादि में आग लगना
・建造物侵入罪	किसी ढांचे (इमारत) में घुसपैठ
・建造物損壊罪	किसी ढांचे (ईमारत) को नुकसान पहुँचाना अथवा बर्बाद करना
・建造物損壊致死罪	किसी ढांचे (ईमारत) को नुकसान पहुँचाने अथवा बर्बाद करने के परिणाम स्वरुप मृत्यु
・建造物損壊致傷罪	किसी ढांचे (ईमारत) को नुकसान पहुँचाने अथवा बर्बाद करने के परिणाम स्वरुप चोट
・建造物等以外放火罪	ढांचे (ईमारत) इत्यादि के अलावा दूसरी वस्तुओं में आग लगाना

罪名【か・さ行】

- 公印偽造罪 ・सरकारी मोहर की जालसाज़ी करना
- 公印不正使用罪 ・सरकारी मोहर का अवैध उपयोग
- 強姦罪 ・बलात्कार
- 強姦致死罪 ・बलात्कार के परिणाम स्वरुप मृत्यु
- 強姦致傷罪 ・बलात्कार के परिणाम स्वरुप चोट
- 公記号偽造罪 ・किसी सरकारी चिन्ह की जालसाज़ी
- 公記号不正使用罪 ・किसी सरकारी चिन्ह का अवैध उपयोग
- 公契約関係競売等妨害罪 ・लोक संविदा संबधी नीलामी इत्यादि में बाधा का अपराध
- 公正証書原本等不実記載罪 ・सरकारी तौर पर प्रमाणित दस्तावेजों इत्यादि में गलत प्रविष्टि
- 公然わいせつ罪 ・सार्वजनिक अश्लीलता
- 強盗強姦罪 ・डकैती में बलात्कार
- 強盗強姦致死罪 ・डकैती में बलात्कार के परिणाम स्वरुप मृत्यु
- 強盗罪 ・डकैती
- 強盗致死罪 ・डकैती के परिणाम स्वरुप मृत्यु
- 強盗致傷罪 ・डकैती के परिणाम स्वरुप चोट
- 強盗予備罪 ・डकैती की तैयारी
- 公務員職権濫用罪 ・किसी सरकारी अधिकारी द्वारा अधिकारों का दुरूपयोग
- 公務執行妨害罪 ・सरकारी कर्मचारी के कार्य-निष्पादन में बाधा डालना
- 公用文書毀棄罪 ・सरकारी दस्तावेजों को नष्ट करना
- 昏酔強盗罪 ・(मादक पदार्थ इत्यादि द्वारा) मूर्छित कर के लूटना

【さ 行】

- 裁判員の参加する刑事裁判に関する法律違反 ・नागरिक-जज के भाग लेने वाले अपराधिक मुकद्दमों संबधित क़ानून का उल्लंघन
  (裁判員等に対する請託（情報提供）罪) ・(नागरिक-जज इत्यादि से निवेदन करने (सूचना पहुँचाने) का अपराध
  (裁判員等に対する威迫罪) ・नागरिक-जज इत्यादि को धमकाने का अपराध

罪名【さ行】

日本語	ヒンディー語
（裁判員等による秘密漏示罪）	(नागरिक-जज इत्यादि द्वारा गोपनीय सूचना के अवैधानिक खुलासे का अपराध)
（裁判員の氏名等漏示罪）	(नागरिक-जज के नाम इत्यादि के अवैधानिक खुलासे का अपराध)
（裁判員候補者による虚偽記載（陳述）罪）	(नागरिक-जज अभ्यर्थियों द्वारा गलत बयान)
・詐欺罪	・धोखाधड़ी
・殺人罪	・मानव हत्या
・殺人予備罪	・हत्या की तैयारी करना
・私印偽造罪	・निजी मोहर के जालसाज़ी
・私印不正使用罪	・निजी मोहर का अवैध उपयोग
・事後強盗罪	・ऐसी वारदात करना जो बाद में डकैती साबित हुई
・自殺関与罪	・आत्महत्या करने में सहयोग देना
・死体遺棄罪	・लाश को (लावारिस) छोड़ देना
・死体損壊罪	・लाश को नष्ट करना; लाश की विकृति
・失火罪	・लापरवाही के कारण आग लगना
・自動車運転過失致死罪	・लापरवाही से वाहन चलाने के कारण मृत्यु का अपराध
・自動車運転過失致傷罪	・लापरवाही से वाहन चलाने के कारण चोट का अपराध
・支払用カード電磁的記録不正作出罪	・भुगतान कार्ड के विद्युत-चुंबकीय रिकार्ड के अनाधिकृत सृजन का अपराध
・重過失致死罪	・घोर लापरवाही के परिणाम स्वरुप मृत्यु
・重過失致傷罪	・घोर लापरवाही के परिणाम स्वरुप चोट
・住居侵入罪	・घर में अवैध घुसपैठ
・集団強姦罪	・सामूहिक बलात्कार
・収得後知情行使（交付）罪	・प्राप्त करने के बाद जानबूझकर जाली या बदली हुई मुद्रा का उपयोग करना या हस्तांतरण करना
・銃砲刀剣類所持等取締法違反	・आग्ने-यस्त्र या तलवार इत्यादि के स्वामित्व आदि पर नियंत्रण क़ानून का उल्लंघन
（けん銃実包譲渡）	・बन्दूक के ज़िंदा कारतूस को हस्तांतरित करना

罪名【さ行】

(けん銃実包所持)	・बन्दूक का ज़िंदा कारतूस रखना
(けん銃実包として輸入)	・बन्दूक के ज़िंदा कारतूस के रूप में आयात करना
(けん銃実包輸入)	・बन्दूक का ज़िंदा कारतूस आयात करना
(けん銃等加重所持)	・बन्दूक इत्यादि का गम्भीरतर स्वामित्व
(けん銃等譲渡)	・बन्दूक आदि हस्तांतरित करना
(けん銃等所持)	・बन्दूक आदि का स्वामित्व
(けん銃等として輸入)	・बन्दूक आदि के रूप में आयात करना
(けん銃等発射)	・बन्दूक आदि चलाना
(けん銃等輸入)	・बन्दूक आदि का आयात करना
(けん銃部品として輸入)	・बन्दूक आदि के पुर्जे के रूप में आयात करना
・出入国管理及び難民認定法違反	・आप्रवासी नियंत्रण (इमीग्रेशन कंट्रोल) एवं शरणार्थी मान्यता क़ानून का उल्लंघन करना
(営利目的等不法入国等援助)	・लाभ कमाने आदि के प्रयोजन के लिए अवैध प्रवेश में सहायता
(寄港地上陸許可等の期間の経過)	・पारगमन ट्रांज़िट वीज़ा आदि की अवधि का बीत जाना
(収受等の予備)	・प्रास ग्रहण करने आदि के लिए तैयारी करना
(集団密航者の収受等)	・अवैध घुसपैठियों आदि के समूह को प्रास ग्रहण करना
(集団密航者を本邦に入らせ,又は上陸させる罪)	・अवैध घुसपैठियों के समूह को जापान में लाना या जापान में पहुँचाना
(集団密航者を本邦に向けて輸送し,又は本邦内において上陸の場所に向けて輸送する罪)	・जापान की ओर अवैध घुसपैठियों के समूह का परिवहन या जापान के भीतर उतरने के स्थान पर परिवहन
(船舶等の準備及び提供)	・समुद्री जहाज़ आदि की तयारी या उसे प्रदान करना
(不法在留)	・ग़ैरक़ानूनी प्रवास
(不法残留)	・ग़ैरक़ानूनी रूप से अधिक प्रवास (ओवरस्टे)
(不法就労助長)	・अवैध रोज़गार को प्रोत्साहन देना
(不法上陸)	・अवैध अवतरण (लैंडिंग)
(不法入国)	・अवैध दाख़िला

（不法入国者等蔵匿隠避）	जापान में अवैध रूप से दाखिल हुए व्यक्ति के भागने में मदद करना या उसे शरण देना
（旅券不携帯）	पासपोर्ट मौजूद न रखना
・準強制わいせつ罪	अर्ध-अश्लील आक्रमण (हरकत)
・準強姦罪	अर्ध-बलात्कार
・準詐欺罪	अर्ध-धोखाबाजी
・傷害罪	ज़ख़्मी करना
・傷害致死罪	ज़ख़्मी करने के परिणामस्वरूप मृत्यु
・消火妨害罪	अग्निशमन प्रयासों में बाधा डालना
・証拠隠滅罪	सबूत छुपाया या नष्ट करना
・常習賭博罪	नियमित रूप से जुआ खेलना (आदतन जुआ)
・常習累犯窃盗罪	पूर्व दोषसिद्धियों के साथ आदतन चोरी
・承諾殺人罪	पीड़ित की सहमति से उसकी हत्या
・証人等威迫罪	किसी गवाह आदि को धमकाना
・私用文書毀棄罪	निजी दस्तावेजों को नष्ट करना
・嘱託殺人罪	किसी के अनुरोध पर नर-हत्या
・職務強要罪	सरकारी अधिकारी पर दबाव डालना
・所在国外移送目的略取罪	देश के बाहर परिवहन हेतु अपहरण का अपराध
・信書隠匿罪	लिखित पत्राचार को छुपाना
・信書開封罪	मोहरबंद पत्र को अनाधिकृत रूप से खोलना
・人身売買罪	मानव दुर्व्यापार का अपराध
・信用毀損罪	किसी की द्वितीय साख को हानि पहुँचाना
・窃盗罪	चोरी
・騒乱罪	दंगा करना
・贈賄罪	घूस देना

【た 行】

・逮捕罪	गैरक़ानूनी गिरफ्तारी
・逮捕致死罪	गैरक़ानूनी गिरफ्तारी के परिणाम स्वरुप मृत्यु
・逮捕致傷罪	गैरक़ानूनी गिरफ्तारी के परिणाम स्वरुप चोट
・大麻取締法違反（所持，譲渡，譲受，使用，輸入）	गाँजा नियंत्रण क़ानून (स्वामित्व, हस्तांतरण, प्राप्ति, उपयोग, आयात) का उल्लंघन

・多衆不解散罪	・तितर बितर करने में असफलता; तितर बितर न होना
・談合罪	・बोली में धांधली (सरकारी नीलामी या निविदा टेंडर में)
・通貨偽造罪	・मुद्रा की जालसाजी
・通貨偽造等準備罪	・मुद्रा की जाली करने इत्यादि की तैयारी
・電子計算機使用詐欺罪	・कम्प्यूटर द्वारा धोखाधड़ी
・電子計算機損壊等業務妨害罪	・कम्प्यूटर को क्षति आदि पहुँचाकर व्यापार में बाधा डालना
・電磁的記録不正作出罪	・इलेक्ट्रोमैग्नेटिक रिकार्डों का अवैध उत्पादन
・電磁的公正証書原本不実記録罪	・मूल विद्युत-चुंबकीय नोटरी विलेख में गलत प्रविष्टि का अपराध
・逃走援助罪	・फरार होने में सहायता करना
・逃走罪	・फरार होना (कैद से)
・盗品運搬（保管，有償譲受け，有償処分あっせん）罪	・चोरी के माल का परिवहन (भण्डारण, खरीद, दलाली)
・盗品無償譲受け罪	・बिना कीमत के चोरी का माल प्राप्त करना
・動物傷害罪	・पशुओं को चोट पहुंचना
・特別公務員職権濫用罪	・विशेष सरकारी अधिकारी द्वारा अधिकारों का दुरूपयोग
・特別公務員職権濫用等致死罪	・विशेष सरकारी अधिकारी द्वारा अधिकारों के दुरूपयोग आदि के कारण मृत्यु
・特別公務員職権濫用等致傷罪	・विशेष सरकारी अधिकारी द्वारा अधिकारों के दुरूपयोग आदि के कारण चोट
・特別公務員暴行陵虐罪	・विशेष सरकारी अधिकारी द्वारा हमला या प्रहार
・賭博罪	・जुआ
・賭博場開帳等図利罪	・लाभ कमाने के लिए जुआ घर आदि खोलना
・富くじ発売罪	・लाटरी टिकटों की अवैध बिक्री

【は 行】

・売春防止法違反（勧誘，客待ち）	・वेश्यावृत्ति विरोधी क़ानून का उल्लंघन (ग्राहक के लिए अनुनय, चक्कर लगाना)

・背任罪	・आपराधिक न्यासभंग
・犯人隠避罪	・अपराधी को छिपाना
・犯人蔵匿罪	・अपराधी को पनाह देना
・非現住建造物等放火罪	・आवासित (गैर-आबाद) इमारत आदि के आग लगाना
・被拘禁者奪取罪	・हवालात से बंद व्यक्ति को भगा ले जाना
・秘密漏示罪	・गुस सूचना का रहस्योद्घाटन
・被略取者引渡し（収受，輸送，蔵匿，隠避）罪	・अपहृत व्यक्ति को पहुँचाना (स्वीकार करना, परिवहन कराना, छिपाना, भागने देना)
・封印等破棄罪	・मुहरबंदी आदि को गैरक़ानूली तरीके से नष्ट करना
・不実記録電磁的公正証書原本供用罪	・गलत रिकार्ड वाले विद्युत-चुंबकीय नोटरी विलेख के मूल को प्रयोग में लाने का अपराध
・侮辱罪	・अपमान; अपवचन
・不正作出電磁的記録供用罪	・अवैध रूप से निर्मित इलेक्ट्रोमैग्नेटिक रिकार्डों को प्रयोग में लाने का अपराध
・不正指令電磁的記録供用罪	・गलत निदेश वाले विद्युत-चुम्बकीय रिकार्ड के प्रयोग में लाने का अपराध
・不正指令電磁的記録作成（提供）罪	・गलत निदेश वाले विद्युत-चुंबकीय रिकार्ड के निर्माण (आपूर्ति) का अपराध
・不正指令電磁的記録取得（保管）罪	・गलत निदेश वाले विद्युत-चुम्बकीय रिकार्ड के अर्जन (धारण) का अपराध
・不正電磁的記録カード所持罪	・अवैध कार्ड (इलेक्ट्रोमैग्नेटिक रिकार्ड) को अपने पास रखना
・不退去罪	・बेदखली के बाद भी न छोड़ना
・不動産侵奪罪	・संपत्ति को अवैध रूप से अधिकार में लेना
・放火予備罪	・आग लगाने की तैयारी करना
・暴行罪	・आक्रमण; हिंसक कार्य
・保護責任者遺棄罪	・कानूनी अभिभावक द्वारा छोड़ दिया जाना
・保護責任者遺棄致死罪	・कानूनी अभिभावक द्वारा छोड़ने से मृत्यु
・保護責任者遺棄致傷罪	・कानूनी अभिभावक द्वारा छोड़ने से चोट

罪名【ま・や・わ行】

【ま　行】

- 未成年者略取（誘拐）罪　・नाबालिग का अपहरण करना व्यपहरण
- 身の代金目的被略取者収受罪　・फिरौती के प्रयोजन के लिए अपहृत व्यक्ति को कब्जे में लेना
- 身の代金目的略取罪　・फिरौती के प्रयोजन के लिए अपहरण करना
- 身の代金目的略取等予備罪　・फिरौती के प्रयोजन के लिए अपहरण आदि करने की तैयारी करना
- 身の代金要求罪　・फिरौती मांगना
- 無印公文書偽造罪　・बिना मोहर के निजी (गैर-सरकारी) दस्तावेज़ की जालसाज़ी करना
- 無印私文書偽造罪　・बिना मोहर के निजी (गैर-सरकारी) दस्तावेज़ की जालसाज़ी करना
- 名誉毀損罪　・मानहानि

【や　行】

- 有印公文書偽造罪　・मोहर सहित सरकारी दस्तावेज़ की जालसाज़ी करना
- 有印私文書偽造罪　・मोहर सहित निजी (गैर-सरकारी) दस्तावेज़ की जालसाज़ी करना
- 有価証券偽造罪　・प्रतिभूतियों (सिक्योरिटीज़) की जालसाज़ी करना

【わ　行】

- わいせつ物陳列(頒布, 有償頒布目的所持) 罪　・अश्लील सामग्री के प्रदर्शन (वितरण, सशुल्क वितरण के उद्देश्य से पास रखने) का अपराध
  - わいせつ電磁的記録記録媒体陳列(頒布, 有償頒布目的所持) 罪　・अश्लील विद्युत-चुंबकीय रिकार्ड-अभिलेखन के माध्यम से प्रदर्शन (वितरण, सशुल्क वितरण के उद्देश्य से पास रखने) का अपराध
  - わいせつ電磁的記録等送信頒布罪　・अश्लील विद्युत-चुंबकीय रिकार्ड इत्यादि के प्रेषण एवं वितरण का अपराध
  - わいせつ電磁的記録有償頒布目的保管罪　・अश्लील विद्युत-चुंबकीय रिकार्ड के सशुल्क वितरण के उद्देश्य से भण्डारण का अपराध

資料

証拠等関係カードの略語表（19ページ参照）

略語	意味	略語	意味
1，2…	第1回公判，第2回公判……〔「期日」欄のみ〕	捜 押	捜索差押調書
前1，前2…	第1回公判前整理手続，第2回公判前整理手続…	任	任意提出書
間1，間2…	第1回期日間整理手続，第2回期日間整理手続…	領	領置調書
※1，※2…	証拠等関係カード（続）「※」欄の番号1，2……の記載に続く	仮 還	仮還付請書
決 定	証拠調べをする旨の決定	還	還付請書
済	取調べ済み	害	被害届，被害てん末書，被害始末書，被害上申書
裁	裁判官に対する供述調書	追 害	追加被害届，追加被害てん末書，追加被害始末書，追加被害上申書
検	検察官に対する供述調書	答	答申書
検 取	検察官事務取扱検察事務官に対する供述調書	質	質取てん末書，質取始末書，質受始末書，質取上申書，質受上申書
事	検察事務官に対する供述調書	買	買受始末書，買受上申書
員	司法警察員に対する供述調書	始 末	始末書
巡	司法巡査に対する供述調書	害 確	被害品確認書，被害確認書
麻	麻薬取締官に対する供述調書	放 棄	所有権放棄書
大	大蔵事務官に対する質問てん末書	返 還	協議返還書
財	財務事務官に対する質問てん末書	上	上申書
郵	郵政監察官に対する供述調書	報	捜査報告書，捜査状況報告書，捜査復命書
海	海上保安官に対する供述調書	発 見	遺留品発見報告書，置去品発見報告書
弁 録	弁解録取書	現 認	犯罪事実現認報告書
逆 送	家庭裁判所の検察官に対する送致決定書	写 報	写真撮影報告書，現場写真撮影報告書
告 訴	告訴状	交 原	交通事件原票
告 調	告訴調書	交原(報)	交通事件原票中の捜査報告書部分
告 発	告発状，告発書	交原(供)	交通事件原票中の供述書部分
自 首	自首調書	検 調	検証調書
通 逮	通常逮捕手続書	実	実況見分調書
緊 逮	緊急逮捕手続書	捜 照	捜査関係事項照会回答書，捜査関係事項照会書，捜査関係事項回答書
現 逮	現行犯人逮捕手続書	免 照	運転免許等の有無に関する照会結果書，運転免許等の有無に関する照会回答書，運転免許調査結果報告書
捜	捜索調書	速 カ	速度違反認知カード
押	差押調書	選 権	選挙権の有無に関する照会回答書

診	診断書	嘆	嘆願書
治照	交通事故受傷者の病状照会について，交通事故負傷者の治療状況照会，診療状況照会回答書，治療状況照会回答書	(謄)	謄本
検視	検視調書	(抄)	抄本
死	死亡診断書，死体検案書	(検)	検察官
酒カ	酒酔い酒気帯び鑑識カード	(検取)	検察官事務取扱検察事務官
鑑嘱	鑑定嘱託書	(事)	検察事務官
鑑	鑑定書	(員)	司法警察員
電話	電話聴取書，電話報告書	(巡)	司法巡査
身	身上照会回答書，身上調査照会回答書，身上調査票，身上調査回答	(大)	大蔵事務官
戸	戸籍謄本，戸籍抄本，戸籍（全部・一部・個人）事項証明書	(財)	財務事務官
戸附	戸籍の附票の写し	(被)	被告人
登記	不動産登記簿謄本，不動産登記簿抄本，登記（全部・一部）事項証明書		
商登記	商業登記簿謄本，商業登記簿抄本，登記（全部・一部）事項証明書		
指	指紋照会回答票，指紋照会書回答票，指紋照会書通知書，指紋照会回答書，指紋照会回答書		
現指	現場指紋による被疑者確認回答書，現場指紋等確認報告書		
氏照	氏名照会回答書，氏名照会票，氏名照会記録書		
前科	前科調書，前科照会（回答）書，前科照会書回答		
前歴	前歴照会（回答）書		
犯歴	犯罪経歴回答書，犯罪経歴電話照会回答書		
外調	外国人登録（出入国）記録調査書		
判	判決書謄本，判決書抄本，調書判決謄本，調書判決抄本		
決	決定書謄本，決定書抄本		
略	略式命令謄本，略式命令抄本		
示	示談書，和解書		
受	受領書，受領証，領収書，領収証，受取書，受取証		
現受	現金書留受領証，現金書留引受証		
振受	振込金兼手数料受領書，振込金受領書		
寄附	贖罪寄附を受けたことの証明		

第一審手続概要

- 起訴
- 公判準備
  - 起訴状謄本の送達
  - 弁護人選任照会（通訳言語照会）
    ↓（通訳人予定者への打診）
  - 起訴状概要の翻訳・送付
  - 国選弁護人の選任

> 公判前整理手続（非公開）は，裁判員裁判対象事件では必ず行われるが，それ以外の通常の事件でも行われる場合がある。

- 公判前整理手続
  - 証明予定事実記載書面の提出（検察官）
  - 証拠調べの請求
    ↓
  - 証明予定事実等の明示（弁護人，被告人）
  - 証拠調べの請求に関する意見
  - 証拠調べの請求
    ↓
  - 争点及び証拠の整理（証拠決定等）
  - 審理計画の策定

- 裁判員等選任手続　　**裁判員裁判対象事件のみ（非公開）**

- 公判手続
  - （公判前整理手続において通訳人が選任されていない場合）
  - 通訳人の人定尋問と宣誓
    ↓
  - 被告人の人定質問
    ↓
  - 検察官の起訴状朗読
    ↓
  - 被告人に対する黙秘権等の告知
    ↓
  - 被告人及び弁護人による被告事件に対する陳述

- 冒頭手続

控訴審手続概要

第一審裁判所
　控訴申立て
　　↓
　弁護人選任照会（高裁の依頼に基づく。）
　　↓
　記録・証拠物の送付

控訴審裁判所

公判準備
　控訴趣意書差出最終日の指定・通知
　　↓
　国選弁護人の選任（高裁によっては，上記指定より先に行っている。）
　控訴趣意書の提出及び相手方への謄本の送達
　　↓
　（答弁書の提出）
　　↓
　第1回公判期日の指定及び被告人の召喚
　（高裁によっては，上記指定を控訴趣意書差出最終日の通知と同時に行っている。）

公判手続
　通訳人の人定尋問と宣誓
　　↓
　被告人の人定質問
　　↓
　（黙秘権の告知）
　　↓
　控訴趣意書に基づく弁論
　　↓
　控訴趣意書に対する相手方の意見
　　↓
　（事実の取調べ）
　　↓
　（事実の取調べの結果に基づく弁論）

判決宣告
　控訴棄却
　原判決破棄（差戻し・移送・自判）

法廷通訳ハンドブック　実践編
【ヒンディー語】（改訂版）　　　　　　　　書籍番号　30-24

平成15年4月1日　第1版第1刷発行
平成30年8月10日　改訂版第1刷発行

　　　　　　　　監　　修　　最高裁判所事務総局刑事局
　　　　　　　　発　行　人　　平　　田　　　　豊
　　　　発　行　所　一般財団法人　法　曹　会

　　　　　〒100-0013　東京都千代田区霞が関1-1-1
　　　　　　　　　　　振替口座　00120-0-15670
　　　　　　　　　　　電　話　03-3581-2146
　　　　　　　　　　　http://www.hosokai.or.jp/

落丁・乱丁はお取替えいたします。　　印刷製本／㈱プライムステーション

ISBN 978-4-86684-010-9

本誌は再生紙を使用しています。